要懂心理学

上官薇薇 ◎ 编著

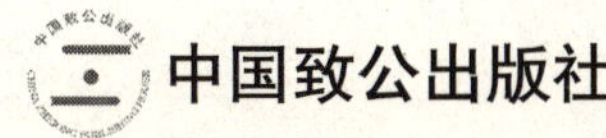

中国致公出版社

图书在版编目（CIP）数据

女人要懂心理学／上官薇薇编著．—北京：中国致公出版社，2011

ISBN 978－7－5145－0114－8

Ⅰ．①女…　Ⅱ．①上…　Ⅲ．①心理学—女性读物　Ⅳ．①B84－49

中国版本图书馆 CIP 数据核字（2011）第 153391 号

女人要懂心理学

编　　著： 上官薇薇
责任编辑： 裘挹红

出版发行： 中国致公出版社
（北京市西城区德胜门东滨河路 11 号西门　电话 66168543　邮编 100120）
经　　销： 全国新华书店
印　　刷： 北京市通州富达印刷厂
印　　数： 1—10000 册

开　　本： 710×1000 毫米　1/16 开
印　　张： 17
字　　数： 260 千字
版　　次： 2011 年 10 月第 1 版　　2011 年 10 月第 1 次印刷

ISBN 978－7－5145－0114－8　　　　定　　价：29.80 元

前　言

富有魅力的女人谙熟驾驭人心的手段，在任何情况下，总能巧妙地说服别人、引导别人、控制别人，以致众人心甘情愿地为之鞍前马后；她可以将征服人心的艺术应用于日常生活的每一时刻、每一细节：穿着打扮、举手投足、言谈话语，处处打动人心，同时把自己的最佳形象、最佳气质展示在众人面前。

女人的这种能力使人为之倾倒，也令人心生羡慕。她是怎样做到这些的呢？

一把坚实的大锁挂在门上，一根铁杆费了九牛二虎之力，还是无法将它撬开。钥匙来了，它瘦小的身子钻进锁孔，只轻轻一转，大锁就“啪”的一声打开了。

铁杆奇怪地问：“为什么我费了那么大力气还打不开，而你却轻而易举地就把它打开了呢？”

钥匙说：“因为我最了解它的心。”

生活就像一座蕴藏着丰富宝藏的迷宫，只要你走对路线，掌握开启它的钥匙，就将拥有一个美丽、富足、成功的人生。心理学就是这样一把钥匙。日常生活中的许多现象背后都包含着一些心理学规律，一些人生的疑难问题都需要运用心理学去解决。我们可以用心理学的理论和原理指导自己的人生实践，解决疑难问题，处理复杂的人际关系，创造良好的学习、工作、生活、交际情境，提高效能，更快地走向成功。

专业的心理学著作大多偏重于理论教条，太过于抽象，仅仅是书中那些名词术语就让人头疼。而现在摆在你面前的，却是一本将使你耳目一新的好书。它将心理学知识应用于日常生活，教会你聪明做人，机智做事。它能让你从别人的一举手一投足中读懂其心意，从而相机行事；从别人的一个小习惯、一个小细节识别其为人，从而为我所用；从一个眼神、一句话判断出一个男人内心的隐秘，从而把握爱情的机缘，抓住人生的幸福，躲过感情的陷阱。

它还将教会你怎样富有魅力，怎样拥有不凡的气质。这种魅力和气质将使你发生脱胎换骨的变化，使你成为一个面目一新的女人，一个具有新的才干、新的能力的女性，你的生活将发生一些奇妙的变化：无论走到哪里都会博得人们的尊敬，你的许多想法都能如愿以偿。你能够在你所参与的各种社会活动中成为一名领袖人物，具有影响和控制他人的能力，与人交往不再是一件麻烦事，而是一种享受。

目 录

C O N T E N T S

❁职场篇❁

第一章　自信改写女人的命运

个性就是个人的生活、教育和修炼的产物。所以，注重个性方面的修养能够帮助职业女性塑造良好的个性品质，能够更好地开拓生活之路、开辟事业的天地，从而实现人生的价值。

第二章　言谈魅力中的心理学

一个女人说话是要讲技巧和分寸的。她所说的话是否有魅力，直接影响到她是否对对方具有吸引力，也关系到她是否具有良好的人缘，同时还影响到她能否自如地与别人说话，并表现出足够的自信。

第三章　做人见人爱的职场红人

女人在事业上的成就，为什么总是无法与男人并驾齐驱？不是专业能力高下有别，而是思维方式多有差异。女人要分半壁江山，不妨从了解男人的职场游戏规则开始，试着像男人那样思考和行事，虚心向男人学习。

❁情爱篇❁

第四章 通过习惯看穿男人心

男人不是不想流泪，而是不能流泪；男人不是不想倾诉悲伤，而是无人可以倾诉。对亲人吗？怕他们经受不起，有时是说了无益；对朋友吗？有些伤痛不能说，有些又说不出口，能说出来的也只是痛快一时，解决不了根本问题。所以，男人只好将悲伤埋藏在心底，用沉默来度过人生的危难时期。

第五章 鉴识好男人，看穿坏男人

男性，是人类的一半，了解他们，与他们交往，是女性生活的重要内容。由于男性心理特点与女性不同，所以你不能用了解你的女同伴的方式去了解男性，而应当用了解男性的方式去了解他们。

第六章 女人“爱商”启蒙

搞定多情的男人很容易，让他长久倾心却是困难的。好在百般风流的男人也常常会被一个女人招安，和所有不曾风流、不会风流的“好”男人一样，踏踏实实地只和一个女人折腾。

社交篇

目录

第七章　破译人心的肢体密码

在工作场所或社交场合，人们总是把自己的内心包裹得严严实实，要想认识他的性格，并不简单。但是人至少有一件东西是难以包裹的，这就是他的体型。人的体型无法受意识控制，然而却能反映内心。

第八章　察人喜好，知人性格

兴趣爱好可以将某个人的情况全部都告诉你，包括他的优点、缺点、性格、脾气，他的生命观、恋爱观、事业观，他的品位和修养，当然，前提是识人者必须善于观察。

第九章　动作中隐含的心理信息

身体语言在很多时候要比语言诚实得多，或者效果要更强烈。通过观察一个人的身体语言，你能了解到这个人的许多东西，发现这些有趣现象背后的“秘密”。

第十章　如何识破别人的谎言

谎言可能有一千张面孔，但它却只有一个身躯：欺骗。要摆脱受它欺骗的局面，唯一有效的办法就是撕开其伪装的面孔，让它虚假的面目暴露出来，然后像穿越纸墙一样，径直破墙而过。

家庭篇

第十一章 缔造美满姻缘的心理守则

爱是不能单向索取的。你不能斤斤计较,男人给了你多少,你再视情况给他多少"爱"。聪明的女人应该是个调配爱情的高手,你只要怀着浓烈的爱心,不求索取地体贴自己的男人,反而容易激起他对你更大的回报。

第十二章　做好母亲，与孩子心贴心

作为父母，除对孩子给予各方面的照顾和关怀外，还要注意从细小的方面观察自己的孩子，这样才能更准确地了解孩子的性格，然后采取不同的方法，指导、帮助和鼓励自己的孩子。

第十三章　如何培养心理健康的孩子

当一个成人发脾气的时候，旁观者会以好言相劝。然而，当一个孩子发脾气的时候，他受到的可能是申斥，甚至会挨打。这实际上是不公平的。

职场篇

第一章
自信改写女人的命运

个性就是个人的生活、教育和修炼的产物。所以，注重个性方面的修养能够帮助职业女性塑造良好的个性品质，能够更好地开拓生活之路、开辟事业的天地，从而实现人生的价值。

个性决定女人的一生

人们都生活在同一个地球上，为什么有的人腰缠万贯，有的人却穷困潦倒；有的人天下闻名，有的人却平凡一生？到底是什么决定了这一切呢？难道真是老天不公吗？不，绝对不是。

在老天面前，女人拥有同样的财富。那么，到底是什么原因呢？就是你的个性。你的个性决定了你如何生活，决定了你能否成功。

个性对命运的影响主要表现在下列两个方面：

第一，个性决定了你能否具有创新精神，能不能在事业上获得成功。

人们在经历了不同的时代和事件，接受了不同的教育和培养以后，会渐渐形成其独特的性格。在不同的时期和不同的环境中，个人可能会借助于自我学习和自我培养，在个性上进行有意识的改造，以养成自认为良好的性格素质。性格素质的好坏和优劣在很大程度上决定了个人的素质，决定了一个人的一生能不能成就事业。若一个人没有通过努力抑制个性上的缺陷，没有进行有意识的"性格改造"，那么，个性上的缺陷会趋于定型，给生活和工作等带来麻烦，甚至毁了事业或者前途。

在现实生活中，有的人以"个性是天生的""江山易改，禀性难移"来原谅自己或者宽恕自己，这是不正确的。个人性格品质的形成，不但和先天因素有关，并且和后天的修炼有关，个性并非固定不变的，而是随着一个人的阅历、所处的环境的变化而变化的。

法国唯物主义思想家霍尔巴赫指出："人的个性，不过是周围社会环境和社会实践的产物，而且是随着各种环境和社会实践的改变而不断改变的。"

自古以来的事实和现代心理学都证明，霍尔巴赫的论断是十分正确的。个性就是个人的生活、教育和修炼的产物。所以，注重个性方面的修养能够帮助职业女性塑造良好的个性品质，能够更好地开拓生活之路，开辟事业的天地，从而实现人生的价值。

第二，在人的创造活动中，保持鲜明的个性，特别是富有主见的个性最关键。

中华民族是一个创新能力非常强的民族，这从中华民族辉煌、灿烂的历史文化中就能看出来。可是，在两千年的封建王朝统治中，压制创新是时有发生的。封建时代留给中华民族的历史文化中，有崇尚经验、反对创新，崇尚权威、反对怀疑的消极因素。

因为崇尚秩序，新的想法和思潮以及新的物品往往被当做大逆不道的异端，科技发明被看成了“雕虫小技”，在这种思想观念影响下成长起来的人，往往墨守成规、缺乏主见。就算有个别另类分子，往往在搞出点名堂以前就被官府或者社会采取了“非常措施”，失去了继续发展的条件，从而落得一个“出师未捷身先死”的悲惨下场。

作为一个当代职业女性，你应该先洗洗脑，清除潜藏在头脑中的错误观念，突出个性，勤于思考，勇敢地表达你的观点或见解，勇于向传统、向别人提出不同的意见，做到不唯书、不唯洋、不唯上等等，做有主见的人。

这样一来，才有利于培养职业女性的创新意识，发展你的创新能力，而盲目服从往往会阻碍你在这方面的发展。富于创新的个性品质特征表现在以下方面：

（1）独立的人格特征。女人应该具有独立自主的精神，拥有自己的观点，不人云亦云；自信自尊，不轻信他人；不满足于现有的结论，勇敢地向常规发起挑战，善于并且勇敢地怀疑权威的东西。

（2）具有好的意志品质。任何创新的过程都包括对旧事物的“破坏”，其间一定充满了坎坷和艰辛。这需要拥有顽强的毅力和不屈不挠、不服输的精神，在挫折面前坚持已定的目标，永远不低头。

（3）具有强烈的求知欲。对不知道的、知道得不多的和不清楚的事物，具有旺盛的欲望，想获取它。

（4）具有冒险的精神和强烈的使命感。这是创造型的人应该具有的事业心，并表明了对事业的追求以及对生活的憧憬，也决定着职业女性在挫折面前能不能保持足够的信心。

女人的个性决定了她是否快活，决定了她对生活的态度。面对半杯水，消极的人看到了水充满的那部分，说只有半杯水了；可是积极的人却看到水没有充满的那部分，说还有半杯没有满。

一个性格不好的女人往往把快乐也看做不快乐，就像美酒倒在充满胆汁的嘴里变苦了一样。可见，生命的幸福和困厄并不在于降临的事情本身是苦还是乐，而是看她怎样面对这些事情，她的感受是怎样的。

一个人所具有的特质是什么？用一个词来概括，就是人格。人格所具有的特质就是人的幸福和快乐最根本的因素。人格因素的影响是无法消除的，其他因素都是间接的，因此它们的影响力能够消除。这就证明了为什么人的嫉妒心很难消除。人经常小心翼翼地掩饰嫉妒心。

在人的经历中，人的意识、素质往往占据着主导的地位，其他的影响都依赖于机遇。机遇是过眼烟云，稍纵即逝，并且是变动的，只有个性在人生中时刻不停地工作着。

亚里士多德说："持久不变的并不是财富而是人的性格。"

人对完全来自于外界的厄运还能够容忍，可是对由他的个性造成的苦难却难以承受；命运能够改变，个性却很难改变。

人自身的福分，例如高贵的气质、精明的头脑和乐观的精神等，是幸福的第一要素。职业女性应该全力维持和促进人生的幸福，不要只求取功名利禄。

一分钟心理指南

自信心

自信心对人的意志行为起着强有力的支持与推动作用。

自信不同于狂妄自大，前者是以充分的自我认识、自我接纳为基础的，后者是以不真实的自我认识、过高估计自己为前提的。

自信的人既充分相信自己的优点、长处，同时又深知自己的缺点、短处，所以，在自己实力所能达到的范围之内，不会轻易退缩、动摇，而是主动、积极地设法向目标靠近。

而狂妄自大者由于夸大了自己的优点、长处，忽视了自己的缺点、短处，所以，即使开头干劲十足，但是接下去就会因准备不足而连连遭遇挫折，信心一落千丈，行动难以为继，失败的结局就在所难免了。

坚定的自信心往往能够让才华平平、机遇有限的人在平时最大限度地发展自己的潜能，在偶然的机会中充分施展自己的才干，实现心中向往的目标。

克服害羞的心理习惯

人为什么会害羞？怎样克服害羞？我们从下列十个方面帮助你克服害羞的缺点。

1. 相信自己能够克服害羞

虽然有86%的人相信害羞是可以克服的，可是仍然有人认为不能克服。所以，克服害羞的首要问题是要自信。

2. 要愿意改变自己

克服害羞的失败也许是因为你不愿意改变自己。如果你不愿意，那么也没有人能帮助你。心理学家认为，内控的人认为自己可以掌握一切，外控的人认为自己事事受制于人。如果你不相信害羞可以克服，并且也不愿意去克服，那么谁也无能为力。

3. 理性地看待别人对你的批评

要想改变自己的害羞，自己心理上必须要有基本的理性态度。别人批评你是免不了的，尤其我们中国人很喜欢说别人。如果我们对别人的批评很在意，心理上就会很难过，越辩就越黑；如果我们以理性的态度、开放的心情去接受，心情反而会很坦然。

4. 改变对自己的看法

很多害羞的人都会认为别人很注意自己，其实这只是一种病态。有一位32岁的未婚女子，亲朋好友经常问她，为什么还不结婚。为此，她感到很苦恼。她越想就越觉得自己在别人眼中不对劲，因此，一看到别人要问她，她就躲了起来。这正好给别人一个说话的机会：你看，老处女就是这样。其实别人并不是那么关心她的婚姻，只不过是好奇而已。

5. 重新估价自己

不要对自己估价太高，因为估价太高，就很容易对自己产生不满。

在现实社会中，常常有人说，我应该怎样、应该怎样，一下子给自己定了一个很高的标准。一旦达不到这个标准，就觉得自己一定很差、不如人，渐渐地就会失去自信心，越来越害羞。这样，你就要重新估价自己，量力而行，分段、分步骤地去达到制定的目标。

6. 不要太在乎自己的外表

通常青少年时期正是生理发育比较突出的阶段，因此女性青年朋友们会对自己的外表变化特别敏感。这原本是很正常的现象，请你不要太在乎。假若你太在乎自己的外表的变化，就会引起别人去注意你那些变化了的部位，如缺牙的人捂着嘴巴，这就引导别人去注意你的嘴巴；小眼睛塌鼻子的女孩，以为自己戴上一副大眼镜就可以遮住自己的小眼睛，可是如此一来，她的塌鼻子却暴露得更明显了。

7. 在想象中去除害羞

把眼睛闭起来，想象自己站在讲台上对着一群人演讲，并很自信地讲自己最有把握的题目，而且内容准备得很充分。这种想象虽然与事实有差距，可是，你已经能把自己想象为成功的人，这时，你已经在实际的行为中向前迈进了。

8. 逐渐进入扮演的角色

当你要找工作，或是要相亲时，你可以事先扮演角色——利用空椅子的方法，和令你害羞的人对质。你可以独自一人扮演两个角色——我和对方，也可以两人扮演。演出的结果是：你有备而去，那时你害羞的程度自然就会减轻。

你可以来个“狮子大吼”，看谁的声音吼得最大。结果，因为你越吼声越大，也就忘了害羞。

9. 放松自己

有的人当众讲话时会觉得十分痛苦，自我介绍时会十分紧张。他不敢去接触别人；如果别人稍稍接近他，他就立即躲避起来。像这种人，如何才能克服自己的害羞呢？可以用假按摩、真放松的方法。

大家先围成一圈，然后每个人闭起眼睛，把双手放在前面一人的肩上，慢慢地替他按摩，由肩移至腋下，然后再一次由肩开始，直到你想象自己的腋下被人搔得想笑。这样，因为想笑而放松了自己，你自然就忘记害羞了。

10. 减轻害羞引起的焦虑

首先要懂得训练自己，有了放松的反应之后，就可以与因害羞而引起的焦虑战斗，当你放松的反应胜过害羞引起的焦虑之后，你就不会那么害羞了。

怎样放松自己呢？把身体分为四个部分——手、头、膝盖和脚，每一部分大致需四五分钟，做法就是从手掌开始，逐渐放松人体的肌肉紧张度，并进入半催眠状态，从紧到松。有了这种放松的训练之后，一旦你要放松时，自然就能彻底放松了。能自然地放松，就表示你已学会了放松。

抛弃自卑心理

我们有时会对自己丑陋的外貌、矮小的身材和粗劣的服饰等感到自卑，认为自己愚昧鲁钝、笨嘴拙舌、一无所能，因而不能积极地与周围的人进行交往，也就是无法妥善地处理自己的问题。其结果，我们就会从对自己感到不满，发展到对自己感到厌恶和绝望，并在这个基础上，进一步发展成不喜欢其他人、嫌恶其他人。这样，我们自己就不可能被其他人所喜欢。

无论是谁，当他遭到了些许失败，因而没有得到期待中的表扬，或者没有被邀请参加期待中的会议时，就很容易产生自轻自贱的心理。这样的心理是一时半刻的、无足轻重的，它与心理学上的自卑感略有不同。心理学上的自卑感是指："认为别人什么都比自己强，并始终以这个观点支配自己的整个生活，而不承认自己的价值。"

这种自卑感之所以是"性格的阴影"和祸根，是因为它会使人失去至为重要的心理上的平静与安宁。为了弥补这一缺陷，有自卑感的人往往显得过分忙乱和急躁。例如，有的女性为了弥补自己的缺陷，往往在服装、交友和说话的声调等方面追求高标准。

不过，智力低下的人据说不大会受到自卑感的困扰，倒是出类拔萃的人容易产生自卑感，这是因为“自卑感和其本人的智力、所受的教育、所处的社会地位等无关，而仅仅是对自己不如他人的确信”。这种人所处的状态表现出如下特点：

（1）常常怀疑自己的能力，善于发现他人的优点，并拿来与自己的缺点进行比较。可是，他们拿来与自己的一切进行比较的，往往是他人极个别的特长。结果，自己就会因此而气馁，自己有价值的部分就不能得到充分发挥。比如，在对大学生进行智力测验时发现，大部分学生认为自己智力低下。可是实际上，他们智力的发展都很正常。这表明，他们还缺乏洞察自己价值的能力。

（2）希望得到别人喜欢或表扬的要求非常强烈。也就是说，他们不能正确地认识自己的价值，而只是急切地想使自己的这种要求尽可能得到满足。

（3）什么事情都想做得很完美，因而对自己的能力提出过高的要求。一般来说，凡是人做的事情，都不可能是十全十美的，所以，我们应采取宽容、妥协的态度。可是，有自卑感的人认识不到这一点，而一味地对自己的无能灰心丧气。

（4）仅仅失败了一次，就觉得自己遭受的打击过于沉重，也就是说，在某种竞争中一旦遇到了挫折，就认定自己已经不行了，而不想坚持下去。

（5）为他人的成功所折服。当朋友取得成功、地位有所上升、财产有所增加时，就把朋友看得很完美，认为自己什么都不及朋友，结果就忽视了自己的优点。因此，只要不改掉对他人的成功耿耿于怀的毛病，就甭想建立起自信心。

（6）宣扬自己的无能以推卸责任。也就是说，认为自己不行，把自卑感当做推卸责任的手段。

（7）把自己的些许过失看成弥天大罪，结果使自信心变得越发脆弱。

也就是说，为了些许失败而失去了心理的平衡，极其敏感地认为别人都在笑话自己，并竭力想从别人的一切谈吐举止中找出蔑视自己的证据。

（8）为了弥补自卑感，有的人往往进行防御。比如，故意在那些有可能使自己产生自卑感的人面前纵声大笑、夸夸其谈，为自己壮胆；体力不佳却偏要虚张声势、充勇逞强；在讲述失败时故弄玄虚、强调客观等。不过，这样的行为不仅丝毫不能提升自己的人格，给周围的人带来好处，而且还要不断地劳神费心，以免自己的弱点暴露在他人的面前。

还有一种人，他们不敢正视自己的无能，反而采取逃避的态度。例如，他们不愿意与他人交往，喜欢离群独处，或者碰到难题就推托有病，不愿意亲自加以解决，等等。

为了克服自卑感，正确地认识自己的价值，有的人往往采用过度补偿的方法，使自己成为某一领域的专家，比如，笨嘴拙舌的人不断苦练，结果成了一名雄辩的演说家。通过忍耐和勇气，把自己的缺点变成夺取胜利的动力。

为了弥补自己的缺陷，在采取直接行动——过度补偿和置换作用的同时，还应该弄清自己的极限。不过，弄清自己的极限后，不能因此而心灰意冷、万念俱灰，而应该最大限度地发挥自己的极限。例如，当没有希望通过一流大学的入学考试时，还可以进业余大学，在自己感兴趣的方面大干一番，发挥自己其他方面的才能。

贬低和蔑视自己，即对自己的评价过低也是不对的。一个人没有必要认为自己长得不漂亮就穿着破旧的衣服去参加聚会；没有必要在听了别人对自己服装的颜色和式样的称赞后不合时宜地回答说："这是从地摊上买来的便宜货。"也没有必要在别人夸奖自己菜烧得好吃时回答说："这完全是按照电视上介绍的菜谱烧的。"这样做并不能认为是一种谦恭、客气的态度，而完全是在抹杀自己的优点。一个人受到别人的赞扬时，应该诚恳地加以接受。

只会自嘲，并不表明有能耐；意欲自吹，也未必行得通。有时，你说的自谦话会使人认为你是一个懦弱、愚蠢、无能的人，别人不但不会赞赏你，反而还会小觑你。

当你自己觉得无能因而产生自卑心理时，你应该仔细回忆一下自己迄今所做过的事情。在回忆中你就能发现，自己虽有失败，但在某些方面也发挥过作用。对此，也是有人加以赞赏的。通过自己的回忆，谁都能发现，自己做过某些好事，发挥过一定的创造力，亲切地对待过别人。这些都是值得自豪的，而且也许比自己想象的更好。自己毫不矫揉造作的笑容，自己炯炯有神的眼睛，自己柔和而富于感染力的声音等，也许使人产生过好感。其实，一个人不必在所有方面都出类拔萃，这也是不可能的，只要在某些方面做得比其他人突出，就能把比其他人逊色的方面掩盖过去，从而使人产生好感。

一分钟心理指南

有魅力的性格令人喜欢

据有关专家调查结果显示，有魅力的男人或女人对异性和其他人群的吸引力更大、更讨人喜欢。

对男人而言，有魅力的性格主要有以下五种：

- 安静、沉着、自信心强、喜欢求知。
- 喜欢清洁、帅气、成熟。
- 热情、豪迈、做事积极且专心、精力充沛。
- 健康、有活力、和蔼可亲、体贴别人、喜欢社交、开朗、率直、做事干脆。
- 喜欢听人讲话、认真、宽宏大量、诚实。

对女人而言，受人欢迎的性格主要有以下六类：

- 聪明、有点神秘、安静。
- 喜欢社交、态度积极、热情、性感。
- 活泼可爱、亲切、体贴人、直率。
- 有活力、健康、开朗。
- 喜欢听人说话、自制力强、诚实、认真。
- 做事干脆、和蔼可亲。

要想使自己成为更有魅力、更受欢迎的人，就应该在上述方面下工夫，有意识地加强自己的魅力。

真心喜欢自己

如果要把这世界上的芸芸众生硬分成两种人，你会如何给他们分类呢?

其实，不论你用什么方法分类，世界上都不止两种人。不过，如果硬要分成两种人，笔者倒觉得世界上真的只有两种人，那就是喜欢自己的人和不喜欢自己的人。

根据这个标准分类，恐怕有一大堆人要挤在不喜欢自己的那一边，只有很少数人能够开心地举手说："我喜欢自己。"

不喜欢自己的人，总有一箩筐的理由：我太矮、我有青春痘、我不擅长交际、我没有学问、我家境清寒、我父母不体面……

而喜欢自己的人，却不一定说得出多么冠冕堂皇的理由。他们并不盲目地喜欢自己，不相信自己是十全十美的，反而清楚地认识到自己和其他人一样，具有许多缺点。只不过他们愿意接受自己的一切——一切的优点和缺点，不企图掩饰，不刻意改变；当然，更不会痴妄地羡慕旁人。

喜欢自己，是快乐的起点。

人，天生不平等，有美丑胖瘦、高矮贫富之分，但是也有公平的一面，所有的好条件与所有的坏条件，都不会同时集中于一身。仔细思索，美丽的人可能太懒惰，以致一事无成；而能干的人也许过于操劳，损害了身体；富有的人纵情声色，未必能拥有美满的家庭；有学问的人自律严谨，说不定会平白失去发财的机会。这样想来，人人都有所得，却也不自觉地失去了什么。

最幸福的人，是了然于人生的不完美，却又能在这不完美中珍惜自己所拥有的一切。

"求全"本是人性的通病：拥有一份好工作，还希望能够赚取更多的钱财；拥有理想的婚姻，又盼望事业飞黄腾达；一直想做富翁，又恨不得在报章杂志上频频露脸、出尽风头；更有人，事业、财富、婚姻、爱情……所有的好东西都想全掌握在自己手中。

殊不知十全十美本来不是自然界的规律，月亮圆了会缺，春花开罢即谢；秋去冬来，四季运转不息，不曾为任何一个美好的时刻所羁绊。

人生难求绝对的圆满，际遇有时顺有时逆，财富来时有如巨浪涌到，去时又如退潮的海滩，爱情、婚姻、事业既难样样美好，更难时时顺心。

生活在这样坎坷的命运里，难怪有许多人要怨天尤人，落入愤愤不平的行列中，对自己所拥有的一切有诸多挑剔，整天笼罩在不快乐的阴影之下。

只有喜欢自己的人才知道，快乐的秘密不在于获得更多，而在于珍惜既有。能深切珍惜自己所拥有的幸福，你就会明白，其实人人都蒙恩宠、享有莫大的福气。

喜欢自己，对生活的喜悦之情自然流露，就成为最吸引人的气质。

没有人能确切明白自己是不是真的受人欢迎，可是每一个人都可以扪心自问：你是不是喜欢自己？

心理学家凯特发现，要让别人喜欢你，就应该培养喜欢自己的特质。也许你会感到相当惊讶，因为一般人认为可以吸引人的美貌、魅力、人际关系等，并不是你需要具备的特质。

这个世界上有很多人生得既不美丽，又不富有，可是却能得到朋友的喜爱。最重要的道理是：他们真心喜欢自己。

如果你能接纳心理学家凯特的八点建议，也许你也能轻易成为一个喜欢自己的人。

1. 学习一个人独处的方法

不论一个人的年龄是大是小，能否面对孤独，正是对个人成熟度的最佳考验。成熟的人拥有独立的自我，不需要时时刻刻依赖他人，即使在孤独的时刻，也能够坚强地妥善处理问题，流露出成熟的自信。而这种成熟与稳定的个性，正是一个人接纳自己、相信自己的象征。

2. 必须将每个人当成不同的个体

我们常常在还没有清楚地认识一个人之前，就主观地先下结论：这个人一定很顽固，这个人恐怕不好相处，这个人说不定很挑剔……这些先入为主的印象，往往阻碍了我们去认清人们的本来面目。

因此，抛开成见，学习去看清别人真实的一面，可以为我们自己赢得很多可贵的朋友。

3. 挖掘快乐之源

快乐要自己找，它不会从天上自动掉下来。生活中有许多让人快乐的事物，你都可以去发掘。学习一种外国语、和朋友分享新的思想、去运动、参加有意义的社团、抽空去度假，这些快乐的途径，所费不多，却需要你运用智慧去享受。只会坐着抱怨生活枯燥，没有积极去为自己创造快乐，那么很快你就会变成一个令人讨厌的人了。

4. 不要讽刺别人

冷嘲热讽，不仅不能证明自己的聪明，反而暴露了自己是一个气量狭小、自大又无能的人。

贬低别人不等于抬高自己，真正受人尊敬的人，懂得认识每一个人的价值，不会轻易毁坏他人的名誉，而这种自重、重人的态度，更是对自己有信心的表现。

5. 对你很重要的事，即使别人不合作，你也要坚持到底

轻易妥协、随便放弃理想的人，也许表面看来处处都很和气，可是这种丝毫没有个性的人，往往不能得到人们由衷的佩服与喜爱。自认为值得争取的事，一定全力以赴，这样才能肯定自我的价值，进而喜欢自己的所作所为。

6. 应努力增强感情的力量

冷淡自持，固然可以保护自己，可是与人交往，能用真心投入，产生同喜同悲的感受，这才是真正深厚的感情。不要怕流露感情，相反，要努力培养正确的方法来表达自己内心深处的感情。

7. 学习如何给朋友支援

自私自利的人，很难感受到人情的温暖。只有肯付出友情，肯帮助他人，乐于与人分享喜悦也分担忧愁的人，才能体会到人生的美好。

8. 运用原则来观察你的人生

你是宇宙的唯一，有你自己的人生原则。你不需要模仿别人，也不必扭曲自己。张三的帽子戴在李四头上，未必合适，只有遵循你独特的原则，你才会活得恬适、活得自在。

喜欢自己的八点建议，都很简单。你无需换上漂亮的衣服，作出讨人喜欢的样子，说些迎合他人的言语，只要你静下心来，学习看重别人、看重自己，培养成熟、独立的个性，你就向“喜欢自己”这个目标迈进了一大步。

谁是这个世界上最重要的人呢？

答案当然是：你自己。

你在忙着想赢得整个世界的肯定之前，不要忘记先讨好最重要的一个人——学会喜欢你自己，接纳你自己吧。

一分钟心理指南

要正确地与别人比较

每个人都有各自的优缺点，既有长处，也有短处，这方面不行，也许另一方面强于别人，因而不能笼统地与别人相比，更不能拿自己的短处和别人的长处相比较。要学会扬己之长、避己之短，这才是明智之举。

古希腊哲学家苏格拉底虽然相貌丑陋，但他矢志科学，在哲学上的成就使他得到了巨大的声誉。

这难道不是一个巨大的补偿吗？人与外界环境联系的交往渠道是多方面的，这条渠道不通了，还可以开辟其他渠道。何必“庸人自扰”呢？只要我们懂得“得和失”“利和弊”的辩证关系，就不会受任何自卑心理的支配了。

关于积极心态的具体建议

关于如何维持、保护、培养和强化积极的心态，有关专家还提供了以下一些具体的建议。

1. 改变习惯用语

不要说“我真累坏了”，而要说“忙了一天，现在心情真轻松”；不要说“他们怎么不想想办法”，而要说“我知道我将怎么办”；不要在团体中抱怨不休，而要试着去赞扬团体中的某个人；不要说“为什么偏偏找上我”，而要说“考验我吧”；不要说“这个世界乱七八糟”，而要说“我要先把自己家里弄好”。

2. 学会帮助别人，传递积极心态

在你生活中的每一天里，写信、拜访或打电话给需要帮助的某些人，向某人显示你的积极心态，并把你的积极心态传递给别人。有些人总喜欢说，他们现在的境况是别人造成的，环境决定了他们的人生位置。但是，我们的境况不是周围环境造成的。说到底，如何看待人生，由我们自己决定。纳粹德国某集中营的一位幸存者维托·弗兰尔说过：“在任何特定的环境中，人们还有一种最后的自由，就是选择自己的态度。”难怪有人说，我们的环境——心理的、感情的、精神的——完全由我们自己的态度来创造。

3. 在日常生活中培养自己的积极心态

不需要看早上的电视新闻，你只要瞄一眼权威性报纸的头版新闻就够了，它足以让你知道将会影响自己生活的国际新闻或国内新闻。看看与你的职业及家庭生活有关的当地新闻，不要向诱惑屈服，浪费时间去看有关他人的悲惨故事的详细新闻。在开车上学或上班途中，可听听音乐。如果可能的话，和一位心态积极的人共进早餐或午餐。晚上不要坐在电视机前，要把时间用来和你所爱的人谈谈天。

我们在一项任务刚开始时的心态决定了最后有多大的成功，这比任何其他因素都重要。

成功人士的首要标志在于他拥有积极的心态。一个人如果心态积极，乐观地面对人生，乐观地接受挑战和应付麻烦事，那么他就成功了一半。

表现自信心的语态

人们的语言表达是最重要的交流方式。就像体态语言一样，语态表达方式也可以表现出你的个性。通常，人们对自己的语音语调并不是特别留心。所以，要想了解自己的声音，最好的办法就是对着录音机讲话，并按照下列要求去检查：

（1）你讲话的速度是否过快？如果太快，就会给听众留下急躁的印象。

（2）你讲话的速度是否过于缓慢？如果太慢，就会给听众留下你对希望阐明的观点仍然犹豫不决的印象。

（3）你是否含含糊糊地讲话？这让人们一眼就看出你内心不稳定。

（4）你是否嘀嘀咕咕地讲话？这是一种自我放纵和不成熟的表现。

（5）你说话的嗓音是否过高或者刺耳？这是紧张的另一种表现形式。

（6）你是否以一种傲慢的口气讲话？这是顽固不化和固执己见的表现。

（7）你是否以一种造作的口气讲话？这是不自然的表现。

（8）你讲话时，嗓音是否微弱、口齿是否不清？你讲话时是否气喘吁吁？请不要担心，你可以求助于一位优秀的纠音教师，他能帮助你克服这些嗓音方面的不利条件。

你对体态语言也许掌握得非常好，但如果你的语态表达存在缺陷而不能完整地表现出你的自信心，就等于失去了成功要素中的重要的组成部分。

最有效的语态表达应该是自然大方的，声音中充满自信和活力。最后一点也很重要，当你讲话时，嘴角要露出微笑。

你正在忙碌的事业会成功吗

【测试目标】

你正在忙碌的事业会成功吗？

【测试条件】

紧张的工作终于告一段落了，终于盼来了一个久违了的休息日。你花了整个晚上盘算这一天该怎样度过。最后，你是怎样制定计划的呢？下面四项内容，任选其一。

A. 打扫屋子，窗明几净，心情也愉快

B. 逛书店，为了“充电”，我要时刻准备着

C. 约见朋友，在阳光午后的兰花小馆随心所欲地闲聊

D. 独自购物，为自己添几身“行头”

【测试结果】

A. 逍遥悠闲型——你的事业成功率较低。你的“自我步调”是你的优点，但同时也是你的缺点，它会影响你在事业方面的进取心。你自身也并没有出人头地的强烈愿望。对你而言，工作或许不是你人生的重心。在冬日的阳台上晒太阳，在夏天的海边吹风，在空旷的房间里发呆，相信你同样会感受到幸福。

B. 狮型斗士——你的事业成功率相当高，无论做什么事都会全力以赴，实力不可小觑。但是，仅有实力并不是成功的唯一钥匙，得到上司的赏识和同事的赞许也非常关键，毕竟这不是一个孤军奋战的时代。

C. 广结良缘型——你的事业成功率尚可，你的晋升速度与年龄的增长成正比。你很注重打造自己的人际圈子，深谙天时、地利不如人和的道理。不过人脉固然重要，提升自我也很关键。

D. 狐型斗士——你出人头地的愿望比一般人强烈许多。如果你随时都流露出即便将同事或上司排挤出去也要向上爬的心态，那么，你就是机关算尽，也难成气候。这种心态将成为你通往成功之路的绊脚石。

【测试评说】

其实，我们创造生活的目的就是为了享受生活，反之，享受生活就必须创造生活。那么，你打算享受一种什么样的生活，首先就要创造什么样的生活。只会创造生活不懂享受生活，也就失去了创造生活的意义；只想着享受生活而不去创造生活，那等于没有生活。

透过办公桌看你的性格

【测试目标】

进入一个新的办公室，首先注意到的就是办公桌上的东西：有的桌面上物品摆放整齐，井然有序；有的胡乱堆放在一起，杂乱无章；有的甚至可以称为“惨不忍睹”“狼藉一片”……其实，这些都反映了桌子主人的性格。

【测试条件】

A. 混乱型　　B. 清洁型　　C. 快乐型

【测试结果】

A. 桌面堆满杂志、会议记录、约会安排、没时间看的信件……它们甚至被挤到同事的位置上，同事给你的文件都放在椅子上，怕你看不到。

你的办公桌在说：你可能是一个有创造力的人，但你绝不可靠，你很容易受到干扰，而且心思琐碎。

B. 桌面上除去必要的物品外空无一物，桌子上能够看到的只有电脑、打印机和台历，而你把这些东西留在这里的唯一原因就是实在没有地方放它们了。

你的办公桌在说：你是一个对待工作严肃认真的人。你做事很有原则性，而且不易动摇，不过，你容易给人留下不好接受、没有幽默感的印象。

C. 你的电话、文具和笔筒的颜色搭配得当，你的公事清单上每件已经完成的事后面都画了一个小小的勾，你有一个可爱的座右铭牌子放在加菲猫记事板的旁边。

你的办公桌在说：你是一个容易被人喜欢的人，非常可靠，但是比较缺乏特色，难以成为专业人士。

【测试评说】

办公桌美容方案：

①不必走极端，只要有条理就行了。

②不妨试着在桌上摆放一个色彩鲜艳的台历，如果你能够再在桌上放一盒精美可爱的糖果，效果就更好了。

③把那些透着孩子气的物品都带回家，在办公室，你可以放外出旅行时买的样式奇特的东西。在显眼的地方放上一本专业参考书，墙上可以挂一些有品位的艺术品。总之，摆放的东西要能够显示出你是一个有思想的人。

一分钟心理指南

什么是浮躁心理

浮躁，辞书上解释为轻率、急躁。在心理学上，浮躁主要指那种由内在冲突所引起的焦躁不安的情绪状态或人格特质，心理学甚至将其纳入“亚健康”之列。

浮躁的人一般做事无恒心，见异思迁，不安分守己，总想投机取巧，盲动冒险而脾气又大。

人浮躁了，终日会心神不宁，焦躁不安，脸色会暗淡似灰，眉头会紧锁如川，脑子会呆若木鸡，看谁都不顺眼、逮谁跟谁急，长久下去，就会被生活的急流所挟裹，丧失收放自如的弹性。

一般来说，造成现今人们浮躁心理的原因有以下两点：

从社会方面讲，主要是社会变革对原有结构、制度的冲击太大，在这种情况下，个人就很难把握自己的未来。那些处于社会中游的人患得患失，焦躁不安，迫不及待，就不可避免地成为一种社会心态。

从个人主观方面看，个人之间的攀比是产生浮躁的直接原因。社会的发展变化，使人们的工作、生活等方面都随之发生变化。在变化中有的人较早获得成功，这对一些滞后者有着心理刺激，心理适应力差的人便常常与之攀比，后果往往造成浮躁心理。

另外，当今的网络虚拟生活及流行音乐等，都在无形之中助长了人们的浮躁情绪。如今，中国的上网人数已排名世界第二，而中国使用网络最大的群体不是商业信息的搜集，而是网上聊天和网络游戏。

由于网上聊天的放纵性，致使很多人都有过不正当的言论，甚至是犯罪行为。而网络游戏则充满了暴力、血腥甚至一些变态的行为。至于当今流行乐坛的种种不良现象，如盲目追捧等，都是有目共睹的浮躁之风。

从衣服看你的自信心

又到了该换季的时候了，该把衣橱整理整理喽。你发现你的衣橱中什么式样的衣服最多呢？

A. 最新流行服饰

B. 颜色鲜艳或是样式夸张、华丽的服饰

C. 宽大的衬衫或T恤

D. 单色款式简单的服饰

【分析】

选择A——你是那种外表自信、可是内在却很心虚的那种人，你非常害怕别人会看出你内在信心不足，所以在不知不觉中会随着社会所认同的价值而随波逐流，但是往往又不能完全理解其中的道理，导致牛头不对马嘴。看来你要再用功点，多做点人际功课吧。

选择B——虽然你看起来好像有旺盛的表现欲望，可是事实却不然。这样的包装只是你用来掩饰你内心不安的武器，其实你是个有点神经质的人，一点小事就可能有过当的反应出现。所以在外表上，你必须装得毫不在乎，这样才能让你有安全感。

选择 C——表面上看起来你好像是一个很好说话的人，其实是最最固执的人。一旦发起牛脾气来，任谁也拗不过你，因为你的内心是封闭和害羞的。冷漠就是你用来掩饰内心的恐惧的自然反应。

选择 D——你是一个自信的人，虽然你不是在态度上咄咄逼人，可是只要你坚持一个想法，无论别人如何唆使、蛊惑你，你都不为所动。不过这并不代表你是刚愎自用的，相反，你很喜欢听到别人对你的建议。你是一个很不错的人哟。

一个人的自信力，能够控制他自己生命的血液，能够担负起艰巨的责任。如果一个人有了坚定的信心，能够把他的希望牢牢地把握住，然后向着这理想的目标坚持不懈地努力，那么，他一定可以排除种种不幸与困难，达到理想中的最高峰。

建立自信的四个步骤

（1）善于发现自己的优点，并随时把它们记录下来。

花一点时间想想自己的优点，若想不出来，就问朋友或家人，有时候反而是别人知道的优点比你自己知道的多得多。然后逐步肯定自己的成绩，并且让优点、长处进一步放大。

（2）设想自己的成就。

把注意力集中到自己的认识和感受上，甚至是自己所品尝到、闻到以及听到的一切事物上，并在脑中显现你充满信心地投身挑战中的形象。这种积极的心理暗示会成为你潜意识的一个组成部分，从而使你充满自信，走向成功。

（3）积极参加社交活动，增加成功的交往体验。

自信是从实践中获得的，第一次滑冰时你可能会摔倒，但是经过不断的练习，你可以像别人一样成为一名滑冰高手。

（4）全身心地投入你的工作中。

智者说：每一个人都拥有天上的一颗星，在这颗星照亮的某个地方，有着别人不可替代的专属于你的工作。因此，你必须百折不挠地找到自己的位置，这需要时间，需要知识、才智、技巧，需要整个心力的成熟发展，不能因为看到别人似乎轻易取得成功而气馁。

第二章
言谈魅力中的心理学

一个女人说话是要讲技巧和分寸的。她所说的话是否有魅力，直接影响到她是否对对方具有吸引力，也关系到她是否具有良好的人缘，同时还影响到她能否自如地与别人说话，并表现出足够的自信。

用言语表现你的魅力

一个女人说话是要讲技巧和分寸的。她所说的话是否有魅力，直接影响到她是否对对方具有吸引力，也关系到她是否具有良好的人缘，同时还影响到她能否自如地与别人说话，并表现出足够的自信。

组成说话魅力的因素是十分广泛的，你所说的内容，你说话时的遣词造句，你说话的语气、语调，你说话时的身姿、手势、表情等，诸如此类的种种因素都可以反映出你说话是否有魅力。

女人怎样才能通过说话来展示自己的魅力呢？最要紧的就是学会说话，即掌握好各种说话的技巧和艺术：

（1）恰到好处地运用“谢谢”这个词，会使你产生意想不到的魅力。但你说“谢”字时必须是诚心诚意的，并要让听者感觉到这一点。道谢时要指名道姓并且直截了当，不要含糊不清，也不要不好意思。要养成找机会感谢别人的习惯，尤其当别人没有想到时，一句出人意料的真心的感谢，会让人满心欢喜的。但要注意，千万不要虚假客套，那样别人会感觉出来的，并且觉得不舒服。

（2）尽可能赞美他人的优点，多谈愉快的事情。赞美和鼓励会使别人对你满怀好感和谢意。当然，吹捧和奉承是会令人反感的。与别人谈话要使双方都感到愉悦，这样的谈话才有可能很好地继续下去。

（3）艺术、策略地表达不同意见。千万不要认为只有自己最伟大、最高明，当然，也不要心里有意见却不说或人云亦云。要诚恳地表达自己的看法，同时又不得罪人。这就要求你说话要温和委婉，尽量不要触怒对方，要给对方足够的面子，同时也让他明白你的想法。

（4）善于了解对方的情感。只有在了解了对方的心理和情感的基础上，才有可能正确地选择该讲什么、不该讲什么，使对方与你产生共鸣，使说话的气氛变得轻松愉快。因此，我们在同别人谈话时，要根据对方的

心理及时调整自己的心理和情感，注意自己的神态举止和措辞，让别人乐于听你讲话。

（5）虚心地听别人讲话，不光是听语言，还要听语调。一个会说话的人往往也是一个高明的听众，对方才会愿意把她当做知心朋友，愿意向她吐露心扉。而一个自高自大、目中无人的人，是不会受到欢迎的。

（6）善用身体语言。你的表情、手势甚至无意中的动作，都会对别人产生作用，你要注意这一点并加以适当运用。一种表情、一个姿势、一声叹息等等，会说话的人常常会以此来代替难以说出的话或弥补语言的不足，表达难以言状的情感。但要注意恰到好处，过分了就成了虚假做作、自作多情了，那会让人厌恶的。

（7）措辞尽量简洁高雅。不要讲让人难懂的词，不要滥用术语，不要说自己也不懂的话，同样的言词不可用得太频繁，不要乱用流行语和口头禅，不要讲粗俗的话。你要尽量使用适合对方的话，使用能使对方感觉轻松愉悦的话，简明扼要地表达自己的意思。如果你在说话时能措辞简洁、生动、高雅又贴切，那么你就会成为一位说话好手、交际明星。

（8）尽量避免讨论别人的短处，同时也不要胡乱恭维对方。人群相聚，难免要找话题闲聊，天上的星河、地上的花草、昨天的消息、今日的新闻，往往都是绝好的谈资，何必非要东家长西家短地无事生非呢？同样，对人客气本是一大优点，但过分的客气就让人不舒服了，会让人觉得缺乏诚意。恭维他人的话也一样，一不能乱说，二不能不分对象地套用同一个说法，三不可多说。总之，说话要谨慎。

（9）不要过分自夸。爱自我夸耀的人是找不到真正的朋友的。赞美的话，若出自别人的口，那才有价值。如果自己说过头了，别人会看不上你的。而且一般来说，人们总是对自己所经历的事情感兴趣，对与己无关的事不会太关心，因此在与别人交谈时，尽量少谈自己，不要喋喋不休地夸耀自己的工作、生活、孩子等，除非双方都感兴趣，否则还是谈点别的话题为佳。

（10）开玩笑不要过头，要适可而止。不是说相熟的朋友在一起不可以开玩笑，但在开玩笑前，先要注意你所选择的人是否能接受你所开的玩笑。而且平时开玩笑，说几句就罢了，不要无休无止，令对方难堪。若因为开了一个玩笑而让大家不欢而散的话，就没什么意思了。

（11）注意多充实自己。仅仅具备一般的谈话技巧是不够的，还要注意不断吸收各方面的知识，多读多看多听。只有这样，你才能不断有新鲜的话题，而且不论同什么人都能进行饶有兴趣的谈话。

一分钟心理指南

赞美他人要恰到好处

有位先生长得很像某电视演员，有一次他去酒吧，服务员们异口同声地说他的容貌、气质酷似某某电视明星。通常，当一个人被认为貌似某明星时，应该感到高兴，但是，这位先生却大不以为然。

对于服务员半是认真、半是恭维的语气，他一点儿也不领情，只当做一个笑话听过就算了。原来，此人是个体型稍胖又忌讳人家说他胖的人，而服务员们口中的某演员就是个重量级人物。说他像此演员，不是赞美，倒成了讽刺。可见赞美他人诚非易事。赞美他人之前，要先了解他引以为荣之处，才能收到事半功倍之效。在确定对方好恶之前，最好不要轻易地赞美他人。

赞美对方的第二要诀是，当你的赞美成功地为对方所接受时，请针对这一点再三地以不同的表现方式赞美对方。赞美第一次，对方或许认为你是随口说说；赞美数次后，他就会相信你是真的赞美他。赞美对方，可能会开启对方心扉，也可能会使其心扉更加紧闭。如何恰到好处地赞美他人，就要看你的道行了。

善于制造愉快的谈话气氛

我们从那些感情细腻的人们的日记和谈话中，经常可以发现这么一句话：“一个人如果没有可以与之进行交谈的对象，那是多么痛苦啊！”精神医学方面的研究也表明：在那些由于某种原因而无法将自己的思想和感情表达出来的情况下，如果一个人处于自我封闭状态，他就会患有自闭症。也就是说，无论谁都希望与他人进行交谈——如果没有其他人，那就与自己进行交谈，或与周围的动物和大自然进行交谈，或用文字将自己心理的变化记录下来，聊以自慰。

不善于与人交谈的人，大多是不知道怎样抓住谈话时机的人。他们即使有着丰富的话题，可是往往不知道从何谈起。谈谈人类本性或人生道路这一类深奥的问题吧，则担心不够慎重，不合时宜；谈谈天气或对方的健康等老一套吧，又觉得过分无聊，毫无意义。他们的沉默寡言还有一个原因，那就是生怕自己的语言过于露骨，话题又不合对方的口味，或者自己的话说的不是时候。

与人交谈时，如果能做到思想放松、随随便便、没有顾虑、想到什么就说什么，那么谈话就能进行得相当热烈，气氛就会显得相当活跃。在与人交谈中，能够接二连三地说出闪烁着智慧火花的精彩的名言佳句的人，是为数不多的。也就是说，与其急于想把话说得精彩一点、动人一点，倒不如把心放宽，抱着“说得不好也不要紧”的态度，按照自己的实际水平去说，你反而能说出有趣、机智的话语来。即便是那些最生动活泼的谈话，其内容也往往是陈旧而且毫无意义可言的。唯有如上所述，解除了心中的紧张，才能生动、自然地说出自己独特而高明的见解来。所以，闲聊并不需要才智，只要聊得愉快就行了。一个人绝非每天都出席学术研讨会或新闻发布会，所以闲聊就成了与人交谈的重要组成部分。

以闲聊作为开场白，不仅对于自己是必要的，而且还能消除对方的紧张心理。交谈即使是从无关紧要的问话开始的，其目的如果是为了使谈话转入正题，也能发挥出相应的作用来。

在这种场合，关键是要使对方自然而然地谈论自己或别的事情。因为在对自己表示关心的问话前，谁都不必煞费苦心地去寻找特殊的话题，而只消以自身为话题就行了，所以就很容易开口。同时，与警察的盘问不同，在这样的问话面前，人们往往会向对方敞开自己的心扉。这种“敞开心扉”或者称做“开诚相见”的交谈方式，说起来也是追求愉快而有意义的闲聊的一种表现吧。

如果是关于自己的事情，任何人都能谈上一通。那些被称为“伶牙俐齿”的人，与其说他们说话引人入胜，倒不如说他们是“能够使对方开始谈论自己并且继续谈论下去的人”。请掌握如下的诀窍——让对方向自己敞开心扉，让对方对自己的想法感兴趣并且愿意接受。

人们热爱和自己的工作、家人、故乡、观点等有关的一切，甚至还会因此而感到自豪。正因为如此，每个人都想谈论谈论自己。可是要谈论自己，唯有在别人提出这种要求的场合才能够实现。在别人的要求面前拒绝谈论自己，除去特殊情况，一般是很少见的。

在谈话中要善于使双方相互靠拢。若能将自己联系进去，谈谈与对方相同的意见和经验，比如说：“我赞成你的观点”“那个我也喜欢”“我也是这么想的”“我的经验和你的大同小异”，等等，那么仅凭这些话，对方就自然而然地会对你感兴趣。对于赞同自己意见的人，谁都会把他看做是一个提高自己价值和增强自己自尊心的人，因而自然会对他产生好感。

像“你这么认为，我可不这么认为”“你的观点是错误的”“你的意见毫无可取之处”等与自己唱反调的人，是对自己自尊的一种威胁。无论谁，即使明知道对方的话是正确的，也不喜欢自己的观点因此而遭到全面的否定。从这个意义上说，当我们不得不反对某个人的观点时，我们一定要找出某些可以赞同的部分，为对话创造条件。

此外，你还应该开动脑筋进行愉快的谈话。因为我们明白，当一个人愁眉苦脸、絮絮叨叨地向人家诉说自己生病住进医院后动过哪些手术，动手术时吃什么样的苦头时，是不会有人打心眼里表示同情的。另外，当一个人在讲述自己亲属的疾病和破产等不愉快的事情时，尽管详尽到了使人身临其境的程度，那也只会叫人感到厌烦，而根本不可能使别人理解自己的苦恼。那些令人感伤、郁闷和丧气的话，虽然别人偶然会听一听，可是，如果翻来覆去还是这一套，就没有人要听了。因为一个人出于礼节，虽然会暂时忍受一下由牢骚和怨言所造成的悲剧气氛，但是他毕竟希望摆脱这种气氛，追求令人心情舒畅的快乐。

有的人习惯于逗弄取笑对方。在他的眼里，自己的逗弄肯定充满了恰到好处的幽默，这样做能够形成一种愉快的气氛。不过，逗弄和取笑，毕竟很容易伤害对方的人格和自尊心。也就是说，即使是在半开玩笑半认真中，通常也包含着使对方受到伤害的成分。如果没有这种成分，那就成了既非逗弄、也非取笑的普通的谈话。

无论谁，都是讨厌被别人取笑的。不过，你若是对人家的玩笑认真起来，人家又会觉得你“太一本正经，连玩笑也开不起”，或者以为你是一个不善应变的呆瓜。为此，有的人就往往笑容可掬地以玩笑回敬对方，然而，他们的内心并不好受。只有在极个别的场合，挚友间善意的、轻微的取笑，才能够增加彼此间的亲热。可是对于关系一般的人来说，那只会使人产生受到蔑视或冷遇的感觉。总而言之，努力做到不捉弄人和取笑人，这在人际交流方面是十分重要的。

一分钟心理指南

赞美对方的为人不如赞美其穿着和实绩

在一次家庭式宴会上，一位先生见到朋友的妻子，因为一时找不到适合的话题，便顺口随意地赞美说：“好漂亮的项链坠子！”其实，他对女性饰物并不在行，想不到却歪打正着了。原来，这位女士佩戴的项链坠子正是法国名贵坠饰，是她极钟爱的珍藏。这位女士高兴得把这位先生当成知音，从项链坠子开始，天南地北地与他聊了起来。

当然，这件事情是侥幸得来的成功，这位先生在无意中竟然选用了一句最适当的赞美语。要知道，赞美人并不是一件容易的事。赞美得当与否，正如水能载舟，亦能覆舟一样，适当的赞美语恰如人际关系的润滑剂，而肉麻的恭维话却令人觉得你不怀好意，对你心生轻蔑。

那么，如何才能恰如其分地赞美他人呢？不要称赞对方的人品和性格，而要以他过去的实绩、行为或拥有的东西等作为赞赏的题材。当我们对别人说“您真是一位好人”时，即使你是出自内心的赞美，但是对方也很可能会认为：“我们才第一次见面，你怎么知道我的为人如何呢?”于是在半猜疑的心态下便对你产生了戒心。

但是，当你称赞对方过去的实绩或行为时，情况就大为改观。原因是赞美这些既成的事实无关交情深浅，对方容易接受。何况并非直接赞美对方，而是赞美与他相关的事，属于间接的恭维，这在初见面时是很受用的。如果对象是女性的话，服装或佩戴的服饰用品如鞋、帽、皮包、别针等，都是恭维的好话题。

仔细想想间接恭维的好处，不要胸无成竹地前赴第一次约会。还是费点心思，事先准备一下“间接恭维”的赞美词吧！事前几分钟的准备时间，有助于你敞开对方的心扉，何乐而不为呢？

巧妙地表达不同意见

生活中，不乏其人、不乏其书劝诫人们不要在他人面前表现自己的不同意见。这种见解、这种行动，其实是十分片面、非常肤浅的，而且也是一种不诚实的表现。与此截然相反，生活中也有另外一种人，他们差不多成了习惯，事事要与别人作对，无论别人谈论何事，即使他毫无此方面的成熟意见，也要照例加以反驳。你说“是”时，他一定要说“否”；你说“否”时，他又一定要说“是”。这是一种十分可怕的陋习，而且有此陋习的人还很多，他们往往因为喜欢表示和人意见不同而得罪了许多同事或朋友，并且自己还一无所知。

为什么有的人爱与人作对呢？因为他心目中只有自己，他不喜欢听取别人的意见。另外，这种人自以为比别人高明，事事要占上风。有这种习惯者常常被同事和朋友所孤立。没有人愿意为他贡献一点有益的意见，更没有人敢向他提出缺点、进一点忠告。退一步说，即使我们真有比别人高明的见识，也不能故作卖弄、哗众取宠；即使他人有误，我们也不能不为对方留一点余地。好像要把他人窘迫到无路可走才觉得满意，那也是一种极不好的态度。

那么，怎样才能改变这种和人执拗的脾气呢？最好的方法就是养成尊重别人的习惯。我们应该明白，在我们日常谈论的事情中，有相当一部分是没有标准的、非绝对的，我们所发表的意见不一定是对的，而别人也不一定是错的。只要这样反复想一想，我们还有什么理由事事反驳他人呢？

当然，我们也不能因此就不谈论自己的真实意见，人云亦云。如果我们与人交谈，对他人的每一句话都随声附和，不说一个“不”字，也许初次相交能给人一个好的印象，但久而久之，不免会被人认为是滑头。那种到处随声附和而无主见者，也是没有人看得起的。

那么，怎样才能诚恳地表达自己的意见而又不得罪人呢？首先我们应该明白，得罪人的不一定是我们的意见本身，而可能是我们对别人提出意见的态度。如果我们细心地观察社会和人生，就会发现，只要我们的方法得体，向别人表示自己的不同意见，不但不会得罪他人，而且还有可能大受欢迎，使人有“与君一席谈，胜读十年书”之感。相反，如果我们在表示不同意见时，把自己的意见看做绝对正确的，而把别人的意见视为愚蠢幼稚、荒诞无稽的，那就很严重地中伤了别人。

其次，我们在表示自己的意见的时候，要承认自己的意见也可能有错。我们不能强迫别人立刻接受和相信我们的意见，而是要允许别人有充分的时间来考虑我们的意见，而且还要提供给别人考虑我们意见的根据。若要别人也像我们自己一样地相信我们的意见，我们就必须给对方充分的资料，使人有足够的理由相信我们的意见，既不盲从，也不武断。

再次，我们还要表示愿意考虑别人的不同意见，请对方拿出更多的说明、解释和证明。假使别人能够使我们相信他的意见，那么我们就表示立即抛弃自己原来的看法。这样，一方面老老实实地说出自己真正的看法，一方面又诚诚恳恳地尊重别人的思考能力，这才是最理想的相互交换不同意见的方式。

一分钟心理指南

快乐人生的证明

有人调查了一些中过巨额彩票的人，如果一个人是具有抑郁情绪的不快乐的人，一生的绝大部分时间都不快乐，那么中奖后他会快乐半年左右，但半年后他又陷入了不快乐之中，再次变得抑郁。也就是说，金钱只能使一个原本不快乐的人获得暂时的快乐与幸福，但从一生的角度看，金钱导致的快乐是很短的。

心理学研究表明，具有积极情绪的人比一般人更能忍受痛苦。一个将手伸进冰水中的实验证实了这一点。普通人向冰水里伸手，只能忍受60~90秒，但在积极情绪测量中得分最高的人，或者一个具有积极情绪的人，往往能忍受更长一些时间。

快乐的人更喜欢与别人交朋友，而不是独处。他们愿意主动接触生人，愿意为他人捐钱，更具有利他主义精神，更关心周围的人，而很少考虑自己的利益。

利用身体语言塑造说话个性

人的表情十分丰富，会利用自己的身体语言的女人远比只靠语言干巴巴地讲话的女人能够吸引听者。作为女人，在讲话之前一定要好好想一想自己的体格、身长，考虑适合自己的说话方式。

“身体语言”在交际中有着不可忽视的作用。你应该细心地观察他人，然后慢慢地在交谈中培养自己利用“身体语言”的能力。

说话时自然地作出的手势可以使说话绘声绘色。不过打手势一定要让听者看到。

为了运用语言以外的表情、手势、姿势来表现自己，在日常生活中就要养成敏锐的观察力和感受。

在开始说话之前，不能忽略听者将从说者的状态来判断说话水平。只注意说话的内容而不注意姿态的人，是说不好话的。

台上的说话者要在地板上站稳，双臂要沿着身体两侧下垂，然后双手轻搭在体前，双眼要像直视前方的样子，脊背挺直，这是讲话时的基本姿势；坐着讲话时，除采取前述姿势外，还要把脚轻轻落下，这样才能使对方感到这个人各方面都是“很稳重的”。

在人前讲话时，即使是提心吊胆，心扑通扑通地跳，外表看上去也要镇静从容，充满信心。这样你就能流畅地说话。这是经验之谈，不会有错。

有人认为，动作好像是跟着感觉走的。但实际上动作和感觉是同时发生的，人们可以直接用意志去纠正动作。当一个人认为自己很勇敢时，他真的会变得很勇敢。

一个人面对听众，要提高勇气，挺直胸膛，目光要直接望着你的听众，很自然地开始讲话，好像听众都欠了你的情，现在聚集着请你再多放一些债，这种心理上的锻炼，是很有益的。

另外，对讲话者来说，看着听众，可以了解他们对自己讲话的反应。听众的头整齐地朝着自己时，表明人们在听自己说话；脑袋不住地前后左右摆动或者产生一阵嘈杂声，这是对自己讲话听厌烦了的反应。

习惯于看听众的头之后，还要寻找点头的人。听众之中必有善意的听者，对你每说一句话会点头称“真对”，这种人是你的拥护者，所以要把视线投向这种人，使自己进一步产生勇气，这样，话语就会更加流畅。

人的眼睛能够反映他的心理活动。通过眼神可以察觉到自己的话在多大程度上被听取、被理解。如果能注意到听众心情的变化，配以必要的姿势，所说的话也就有了生气。

正如有人所说的：“要让眼睛和嘴都讲话。”在很多情况下，用嘴说话不如用眼睛“说话”。

如果你是发表演说，还要注意光线的效果。一般地说，必须使室内的光线充足，而且还须使光线照在你的脸上，因为大家都想看清你的表情。你脸上因讲话而随时表现出来的微妙表情，有时候会比你说的话更有意义。但是不要站在光线最下方，因为这样将使你的脸上现出模糊的阴影；也不要让光线从后面过来，免得把光线完全遮住。

在讲台上，不要有不自然的动作，如用手不停地摆弄衣角。这样做不但十分分散人的注意力，并且还表明你有缺乏自制的弱点。在讲台上，无论什么动作，如果不能增加听众的注意力，便会分散大家的注意力，绝没有不起任何作用的道理。所以，你必须站稳脚跟，并表明你完全能够控制自己的举动，也就是表明你能够在精神上自制。

当你站起来准备对听众讲话的时候，不要忙于立刻开始，因为这会使别人以为你是个外行。你应该深深地吸上一口气，然后举目向台下的听众看一会儿。如果听众中有交头接耳、人声嘈杂的情形，你就要多等一会儿，让大家安静下来。

把你的胸部挺起来，这是在平时你就应该天天练习做的，这样，一旦站到听众的面前，便会不自觉地这样做了。

没有手势帮助的演说会使听众感到呆板。必要的手势会增强演说的效果，引起听众对你所说的语句的重视，帮助他们找到你说话的重点。运用手势，还可使演说者自己更加振奋。这里值得注意的是，手势的运用要符合你的演说内容，符合你的个性，符合演说场地的气氛等环境的要求。特别要提醒的是，手势不是演说，也不能代替演说，不能让手势把听众的注意力都吸引过去。

总之，不要把任何一种姿态一再重复而令人感到乏味，不要把手势只从肘部做起，显得局促而不自然，最好使手势从肩部开始，这样要显得大方。注意，不要把任何姿势结束得太快。比如，当你伸直食指，帮助你强调某一思想时，最好保持住这种姿势，一直到你说完这句话，否则，别人会误会你原来的要点，把小的地方看做你的要点。一切按最自然的姿势来做就可以了。

口才的锻炼是一个过程，最重要的一点是练习。第一要练习，第二要练习，第三还要练习，否则便不会成功。

人们常说要学习游泳就要跳进水里去，否则，你就永远是在渴望期待之中。如果你渴望提高口才，那么现在你就要去做一些实际的锻炼。

需要记住的是：一定要树立起坚强的信念，提高勇气，放开胆子，这是练习过程中最重要的。这样，你就完全可以成功。

一分钟心理指南

脸部的表情比服装更重要

有位人物评论家前往拜访某一位企业界名人。约定的时间到了，该企业界名人却让秘书小姐传话给正在接待室等候的人物评论家，希望他能再等5分钟。5分钟后那位企业界名人出现了，他抱歉地说道：“我一直都在召开重要会议，生怕与你初次见面时仍以会议中严肃的表情面对你，让你认为我是个不和善的人而留下不好的印象，因此，为了不失礼，只好让您久等，以便于我恢复心情，回复我惯有的和善表情。”

这虽然是个小故事，但却明白地道出一个事实：人的心灵无论怎么隐藏、掩饰，仍然会形诸于外，在表情上显露无遗。因此，如果想留给初次见面的人一个好印象，那位企业界名人的做法是有必要的。然而，一般人到达约会场所时，往往只检查领带正不正、头发乱不乱等服装打扮上的问题，却忽略了表情的重要性。同样是照镜子，请检查自己的表情是否和平常不一样，如果过于紧张的话，不妨试着对镜中的自己傻笑一番。

测一测你在社交中的负面性格

【测试目标】

人的性格既然有正面的，也就会有负面的。那么，负面的性格会给一个人带来什么呢？下面的小测试会给你解答。

【测试条件】

你经营一家专卖甜品的小店，因为口味特殊多样，所以尽管已经开张五年多了，还是生意兴隆。后来，隔壁巷子也开了一家甜品店，而且打的是低价策略，使你的生意大受影响，这时候你会怎么办？

A. 以低价迎战　　B. 研发更多新口味

C. 再观察一阵子　　D. 生意难做，决定转行

【测试结果】

A. 你的心机颇重、心眼颇多，虽然未必真的会使出什么坏把戏，但总是显得不够敦厚踏实。

B. 你不喜欢面对现实，逃避是你最拿手的绝活。当有人质疑你的能力、对你加以批评，或是交付极具挑战的任务时，表面上你虽然不会反驳或拒绝，但事实上你却觉得反感极了，再加上你也不愿意想办法解决或面对，只好来个避而不谈、避不见面，成为大家眼里不知力图振作的缩头乌龟。

C. 你经常为自己所做的事找借口，一会儿说是被这个人害的，一会儿

又说全都是那个人的责任，好像你永远都只能扮演一个无辜受害者的角色。

D. 你很喜欢占别人便宜，而且不是那种光明正大的小气一族，而是暗地里的缺斤短两，非要比多人家一些、赢人家一点才觉得高兴。你之所以爱占便宜，是因为内心深处老是有一股莫名的好胜心在蠢蠢欲动，或许你自己没发觉，或许你假装不承认，但它却是让你无法有大格局性格的主因。

【测试评说】

如果心机过多，与你相处过的人，似乎都能从你身上感觉到一种不舒服的氛围，找不出你有什么令人讨厌的明显缺点，但也说不出你有什么让人喜欢的明显优点。你好像终日汲汲于私利，却不关心别人的死活。

长期推诿责任的后果，更是自掘坟墓。你骗得了一时，却骗不了一世，几次之后，你的真面目终会被拆穿，还是赶快学习，当一个负责任的成熟者吧。

一分钟心理指南

因势利导，循循善诱

1. 面对学问高深的对象，应充分显示你的博学，多作抽象理论方面的探讨。

2. 文化低浅的对象，听不懂高深的理论，因此，你应多举明显的事例。

3. 刚愎自用的对象，不宜循循诱导时，可以用激将法。

4. 对于爱夸大其词的对象，如不能使他接受表里如一的话，不妨用诱兵之计。

5. 脾气急躁的对象，讨厌喋喋不休的长篇说理，用语须简要直接。

6. 对于性格沉默的对象，你要多引导他说话，不然你将在云里雾中。

7. 对于头脑顽固的对象，你若对他硬攻，就容易形成僵局，造成顶牛之势，你应看准对方最感兴趣之点，进行转化。

第三章
做人见人爱的职场红人

女人在事业上的成就，为什么总是无法与男人并驾齐驱？不是专业能力高下有别，而是思维方式多有差异。女人要分半壁江山，不妨从了解男人的职场游戏规则开始，试着像男人那样思考和行事，虚心向男人学习。

了解男性世界的规则

女人在事业上的成就，为什么总是无法与男人并驾齐驱？不是专业能力高下有别，而是思维方式多有差异。女人要分半壁江山，不妨从了解男人的职场游戏规则开始，试着像男人那样思考和行事，虚心向男人学习。

1. 别怕遭拒绝

女人通常害怕遭到拒绝，所以很难说出自己心里真正的要求。在职场中，当提案遭到主管退回时，对女人而言即代表绝对否定、没有机会，遇到了挫折；对男人而言，拒绝却代表了仍有许多其他的可能性，现在遭到拒绝，以后还有机会，可以换个方式再接再厉，根据问题点重新修正提案，总有被接受的机会。

因此，女人应该改变自己敏感、脆弱，太过注重人际关系的特点，重新规划生活目标，不断地告诉自己一定要达到目标，多想自己有能力成功，将失败与挫折变为下一次机会。

2. 勇于发表自己的见解

男人从小就被鼓励做事要勇敢，要勇于表达自己的看法。他们参与各项比赛、运动竞赛等活动，早已习惯竞争和输赢，很多人也懂得没有永远的赢家的道理。女人则习惯准备所有的功课，虽然非常细心负责，却不擅长报告，往往是准备100分，到最后的分数却大打折扣；而男人准备60分，却常有表达到100分的成绩。

你是否有类似的经验：男同事在会议中总是非常踊跃地发表意见，滔滔不绝，似乎有备而来。事实却可能是：他对提案没有你更熟悉，而且你手上准备的资料也比他更周全。但你从没有机会表达你的意见，主管不知道你的存在，更难想象你的专业准备。最后的结果是，公司采用了男同事的提案。

除充分的专业准备外，关键在于是否掌握表达的机会，让你站上舞

台，发展实力。机会不会从天而降，表达才有得分的机会。

3. **表达的技巧**

开会是最有效的沟通方式之一，要让高层主管在有限的时间专心倾听，你的报告必须简短有力。主管期待听到精彩的十分钟，而非冗长又没组织的三十分钟。女人往往会不自觉地模糊焦点，加上冗长的解释，让听众丧失耐心。

开场白应避免使用软弱的字句：“很抱歉打扰你的时间”“大家一定都曾想过这个创意”。女人可以训练自己的报告技巧，学习如何自信地传达声音，以直接有力的开场白加上自信坚定的、有信心的回答。在会议报告中留下深刻的印象，就有机会获得主管的青睐。

4. **争取表现机会**

男人惯于主导职场环境，一有机会便很自然地推荐自己，争取表现的机会，扮演火车头的角色。相较之下，女人比较习惯默默耕耘，等待主管的赏识。不要孤芳自赏，整天只知在办公室内努力工作，以为老板一定知道自己为公司鞠躬尽瘁。事实上：老板是不会注意的，除非你主动出击。

你可以主动定期向老板报告团队的最新工作绩效，反映自己优秀的领导能力。同时主动与其他相关部门建立关系，介绍你的职务，让他们了解你能为他们做什么，你有什么资源可以分享。

5. **同事≠朋友**

当有同事直接向你表示：除了公事外，无意与你建立所谓的“朋友”关系时，女人的反应通常会感觉受伤，认为是其他原因所致，接下来也间接影响彼此工作上的合作与支援。对于这种状况，男人的反应往往是无所谓，今天在会议中处于竞争对立的立场，明天却一起去唱卡拉 OK，公私泾渭分明，两者无关，也不会产生矛盾。

反观女人，常常认为同事应在同一阵线，习惯将战友等于朋友。女人认为，若不是朋友，如何并肩作战？建议女人在职场中应以工作职务为标准，不要因为朋友的关系而影响了对公事应有的专业判断。即使彼此不是朋友，只要工作上能配合，能共同实现目标，就可以合作。在工作中夹杂私人感情，反而会影响工作效率。在公司内，如何与同事保持适当距离非常重要，若时时要顾及朋友情谊而误了公事，必定会产生负面效果。

6. **迎接挑战**

当公司赋予你新的职务，让你肩负更多的挑战与责任时，你的第一个反应是什么?

多数女人会开始担心是否能胜任，压力随之而来，因为从未有过相关业务的经验，成绩可能不理想。男人面对相同的问题时，则会很乐观地接受新任务，虽然他自己也可能不知道从何着手，但他不会让别人知道。他相信自己一定能办到，不需担心。

新挑战意味着新的表现机会，其中充满了不确定性。女人应该对自己的能力增加信心，因为别人面对的问题与你一样。

7. **承担风险**

每一个决策的背后都有风险，但风险是可评估的，若不踏出新的一步，就没有成功的机会。你可能正在思考：如果我接受了新方案，万一失败了怎么办？如果我负责新业务，成绩不理想，会不会脸上无光？在多重考虑下，你最终还是决定不冒险比较安全，但这样一来，你永远不会进步。

女人常为了安全感，保守地呆在原地，总有一天别人会轻易地夺取你的腹地。女人可训练自己逐步接受风险，不必害怕改变。学习的过程，甚至是失败的经验，都能帮助你承受更大的决策与风险。

8. **扮演稳定的力量**

当公司企图发展新事业时，领导人往往自己也不清楚该如何开始，此时他会指派一位主管作为新事业操盘人，开始进行所有的作业。

一旦你成为新操盘人，即使没有丰富的经验，也不要为此心虚。若你一直害怕自己无法完成任务，就永远无法成功，而且你散发出的恐惧也会影响到别人的支持和感受。应调整角度，相信自己绝对有足够的专业能力，因为这是老板选择你的原因。事实上，没有人能百分之百地掌握正确答案，你要停止担心，开始行动，踏出第一步。

9. **注意轻重缓急**

男人在职场上目标清晰，非常清楚终点目标的位置，不会偏离跑道，能以阶段性的方式完成各个短期目标，有效且精确地到达终点；女人则倾向于同时处理很多方面的事务，包括家庭与事业，希望能同时兼顾所有的

事。正因为她们在各项责任中耗费了很多精力，因此常感到工作过量，力不从心，承受较大的工作压力。

建议女人在工作环境中，先确认首要目标，将焦点集中在首要目标，达到首要目标后再逐步进行其他任务。理清工作中的轻重缓急，有助于提升工作绩效，引领你快速达到目标。

10. 拒绝抱怨

工作中碰到困难或挫折时，女人习惯私下向朋友或同事表达各种抱怨与烦恼，最后可能全公司的人都知道你的挫折。结果不但没有解决原有的困难，还换来团队成员对你的不信任。每个人都会遇到烦恼，但男人不会向其他同事透露烦恼，也不会表现出自己焦虑的情绪，因为这无助于完成工作。

作为一个女主管，不要期待别人替你解决烦恼。你要设法寻找其他平衡情绪、缓解压力的方法，不要让抱怨变成自己的负担。

11. 要有团队精神

女人通常因考虑太多，同时在自我保护的外衣下，排斥与别人分享资源，喜爱自行其是，因而无法达到团队目标。男人则比较能配合团队领导人的指令，拿出最佳本领，协助主管完成目标。

女人应充分了解，在团队整体目标的前提下，需舍弃自我的观念和坚持，因为团队领导人将担负所有的责任与压力，只要身为团队成员，都应尽全力协助领导人。

12. 权、责挂钩

女人在企业里多担任副手、军师的角色，天生就乐于分担工作，虽然做的事越来越多，却不会主动要求享有更多的职权，以获得升迁的机会。反观男人，他们会在担负更多的责任时，主动要求升迁，在职场中更上一层楼。

在担负更多责任的同时，切勿忘记要求有更多权力，这样不但可以让自己发挥更大的潜能，也会拥有更多资源，使工作更有效率。

13. 与核心人物靠近

开会时，女人通常会选择后面的位置，与老板保持距离，或和朋友坐在一起，感到较有安全感。她们潜意识中认为，前面的位置是留给主管及老板坐的。相反，男人则会非常自然地坐在前面。

选择会议室的位置反映了你的自信度。不论你有多么专业，坐在后面就显得自己较不重要。会议座位的位置象征权力的转移，女人应该坐在会议室前半部分，让老板看得见你，有机会询问你的意见，对你有印象。

14. 展现幽默与笑容

在各种公开场合中，多数女人会非常认真、严肃地看待所有的事，缺乏幽默感。若你过于严肃，别人往往不知如何开始沟通的第一步，容易与你保持距离。男人则擅长运用幽默缓和紧张的气氛，让别人更易接受自己的看法。

有些人甚至认为女人天生就不会讲笑话。因此女人在听到笑话时，应尽量展现你的笑容，表示你享受幽默的乐趣，接受较幽默的表达方式。有时，即使你已听过同样的笑话了，仍然可以展开笑容，营造幽默的气氛，这是表示赞同与鼓励的一种方式。

一分钟心理指南

嫉妒的成因

嫉妒是心中对他人的优越地位产生的不愉快的情感。它俗称“红眼病”，是对别人的优势以心怀不满为特征的一种不悦、自惭、怨恨、恼怒甚至带有破坏性的负面感情。

羡慕他人的优势，激发起一个人的奋发图强的精神，这是积极方面，但也可能使人因此而产生嫉妒心理。由于看到别人的长处，自己无力或不愿改变现状，于是就会对对方表示不满、忿恨，甚至加以损害。

人生本就是一个大舞台，每个人都有自己适合的角色，人人是“自得其所”，各有归宿。要有勇气承认对方有比自己更高明、更优越的地方，从而重新认识、发现和创造自己。这样就能从病态的自尊心和自卑感中解放出来，从嫉妒的泥潭中自拔出来。

嫉妒是一种“平庸的情调对于卓越才能的反感”，常导致害人又害己的不良后果，特别是青年人更应学会理智地处理嫉妒心理。

关于嫉妒的定义有很多，最具有包容性和准确性的是："嫉妒是与他人比较，发现自己在才能、名誉、地位或境遇等方面不如别人而产生的一种由羞愧、愤怒、愤恨等组成的复杂情绪状态。"

由此可以看出，产生嫉妒心的客观条件是由于主体之间存在相对的差别，也就是老百姓常说的"红眼病"，总是只看到了别人比自己优越的方面。

要明确的是，嫉妒是有条件的，指向一定对象的，在一定的范围内才会产生。地位相似、年龄相仿、经历相近的人之间最容易发生嫉妒。而对于获得诺贝尔奖的某位科学家，一般人只会羡慕而不会嫉妒。

嫉妒对当事人双方都有害无益，既折磨自己，又折磨他人。严重者会对自己或他人都构成伤害，令人悔恨终生。

影响工作能力的十个小节

记住，每当你接听电话、参加会议或与老板谈话时，你都是在工作。你说话的内容也许很有道理，但是表达方式未必最佳。不要让贫乏的工作技能影响了你的工作，以下是必须注意的事项。

1. 过多的点头

当妇女点头时，她们表示"我明白了"，而男士往往把点头理解为同意他们的观点。过多的点头会被看成是软弱的表现。

2. 大声说话

在一句话的末尾突然提高音调，给人的感觉是要提出什么问题以表现自己对此事不相信，你应该试着降低你的结束语调，使之听上去更有权威性。

3. 口头禅

有些人把交流工作变成陈述并要求得到证实，"这是个好主意，你不认为是这样吗”“我们有最好的工作团体，对吗”等类似于这样的口头禅会减少权威性和可信性，所以应该避免。

4. 修饰

有些词诸如“只是”“但愿”“猜想”等会使表达者及所表达的信息受到轻视。“这只是个想法”“我只是个初学者”“但愿我干得不错”“我想我有个问题”……这些语句都表明表达者缺少自信心，而且告诉男士听者所表达的信息无关紧要。同样，频繁的道歉也是不恰当的，应该用强有力的语言代替那些软弱无能的词汇。

5. 允许打断

男士会突然插进来说自己想说的事，他们比妇女更喜欢打断别人。而妇女则往往会容忍自己的话被打断，以致对自己的主见失去信心。所以你应该说“我还没有说完”或“请先保留你的问题”，或者继续发言直到表达完了自己的意见为止。

6. 等待他人的邀请

在商业圈内，不能大胆说话的人往往被认为是没有知识的，所以你要积极投入每一次会议的发言中。在适当的时候打断他人来阐明自己的观点是很重要的，你必须学会让别人来听你的意见。

7. 穿着过于性感

视觉印象往往在七秒钟内便形成。衣着和外表也是一种交流的形式。如果一位妇女脚穿高跟鞋，身着短衫和迷你裙并化浓妆，那么她表示的是性挑逗而不是职业上的交流。所以，要想在工作中取得成绩，妇女的穿着应该符合她的身份。你不必丢弃女子的温柔气质，但也不要穿得过于招摇。你的穿着可以效仿比自己职位高一层的人。例如，如果你是管理人员，那么不妨穿得像个经理。

8. 说话太软弱

说话软弱无力往往表示自己缺乏安全感或自信心。从喉部发声可以使自己的声音被与会的每一个人听到。如果听众不得不费劲全力才能听到你的声音，他们往往听不进你在说什么。而且发言人一旦以一种软弱的声音来阐述自己的观点，往往会失去说服力。

9. 允许他人夸耀自己的意见

妇女常常抱怨男士喜欢夸耀自己的意见。当发生这种情况时，妇女应该勇敢地指出自己的贡献："对不起，关于这点我刚刚已经说过了。"或："这与我刚刚所提及的有什么差别吗?"不要在别人打断了你的意见时还无动于衷。

10. 不雅观的身体姿势

有些细小的动作如耸肩，斜视对方，两条腿交叉着站立，或腿的轻微晃动都会减弱一个人的形象。要站如松，坐如钟，理直气壮地从事属于自己的工作。

自己给自己减负

作为职业女性，你一星期工作五天，每天拖着疲惫的身体上班。你喜欢利用假日，躲在家里睡个够，但是心境与精神上的倦意，却未必能因此而复元。英国一些心理学家曾经指出，忙里偷闲，偶然抽出一段时间做一些其他的有趣的事情，不一定要在假期才把自己完全释放，这才是享受生活之道。

当你觉得工作的压力实在沉重，令你有欲哭无泪的感觉时，不如试试以下的方法：

(1) 换上泳衣，到游泳池畅游，或者潜到池中深处，享受绝对宁静的个人时刻。如果你觉得在别人面前诉苦是一件很丢脸的事情，你可以到爱人面前，大胆地向他大吐苦水。

(2) 打开电视机，收看国际新闻时事，或者阅读书报周刊里有趣的报道，令自己心胸开阔，暂时抛开烦恼。

(3) 尽管内心烦躁不安，也不可以放纵自己，让不快的情绪进一步加深。尝试动手清洗衣服、打电话给朋友、打扫房间等，令自己重新获得控制事情的愉快感受。

(4) 晚饭之后，外出随处走走，或与邻居闲话家常，到商店买一支雪糕，边走边吃，令自己尽情放松。

（5）租用一张光盘，回家慢慢欣赏。

（6）与朋友相约一起去打网球、羽毛球等，运动之后能使人精神焕发、备感放松。

（7）在环境许可的情况下，下班回家后将身上所有的衣服脱掉，还你本来面目，身体上没有丝毫束缚的感觉。

“日出而作，日落而息”。长年累月地躲在办公室里工作，容易使人变得麻木，不再分析自己是否适合这份工作、它能否带给自己满足。美国纽约大学的职业顾问拉桑教授说：“这种状态犹如自己掉进一潭死水里，久而久之，能使人变成一部工作机器，丧失人性的尊严。”如果不明白自己是否真心满意现在的工作岗位，你便要细读下文。以下是敬业乐业的人应有的一些表现：

（1）尽管自己无端获得一笔小横财，你也不会立即想到向老板提出辞职。

（2）在你的心目中，最重要的问题或多或少与你的工作有关。

（3）你时而会思索自己的处事作风，希望能找到更有效的方法，令工作达到更完美的程度。

（4）当你在工作上遇到困难时，你想到的能够帮助自己解决问题的人不止一个。

（5）如果有第二家公司愿意以更高的薪资聘用你，你也不会很动心，因为你对现在这份工作颇为满意。

（6）假若你的朋友希望进入你服务的公司里发展，你十分乐意做介绍人，不是由于你不好意思拒绝他，实在是你认为这是一家好公司。

（7）你很在意一天的工作是否圆满解决，否则觉得自己未尽责任。

（8）如果有人问及你在什么地方工作，你会很乐意告诉对方，而不是含糊作答，感到万分尴尬。

（9）你从来没有这样的感觉：假若我还有机会选择，我一定不会再干这行。

（10）当工作结果未能达到你一向的标准要求时，你不会视若无睹，而会想尽办法，务求情况有所改善。

遇到不如意之事的时候，最简单、最容易的方法，莫如自暴自弃，对一切事情都表现出一副漠不关心的态度。纽约大学心理系的奥利图教授指出，有些人能够处处受到欢迎，做什么事情都似乎特别顺利、成功，幸运成分只占极微小的因素。一个人从容面对困难，能够把表面上看来对自己不利的事情变成有利，才是决定你是否能成为人上人的要素。以下是专家提供的四种反败为胜的方法：

（1）人们必须了解一个真理：变幻原是永恒。不愿意接受世事千变万化的人，他们一定活得十分痛苦。越是希望在原地踏步，甘于生活在安逸境况里的人，越容易缅怀过去，令自己的进取心日渐枯竭，遇到一点打击，便惶惶然不知所措。相反，凡事放眼高瞻，计划将来，自然便能轻看今天所受的苦楚。

（2）不断提醒自己，每一件事情都有两面，一个问题其实也是一个机会，这关系自己的着眼点。例如：年轻人难免会遇到失恋的滋味，有人视之为世界末日，有人却能面对现实，从中吸取教训，为日后美满的婚姻奠下基石。

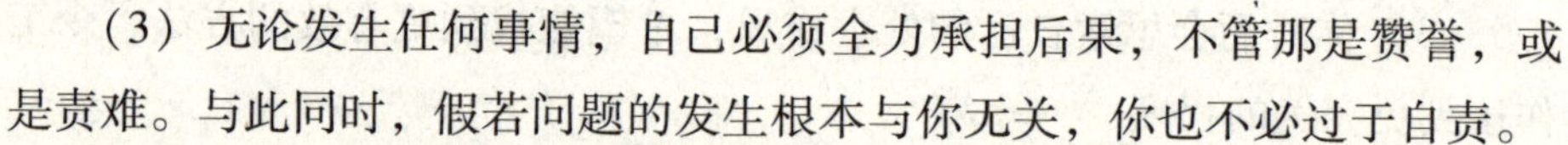

（3）无论发生任何事情，自己必须全力承担后果，不管那是赞誉，或是责难。与此同时，假若问题的发生根本与你无关，你也不必过于自责。

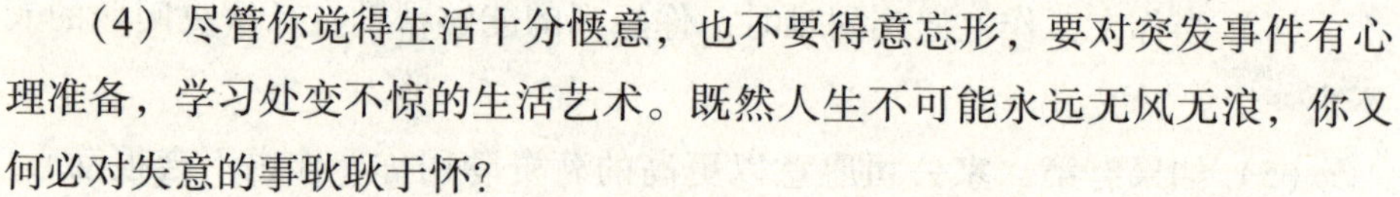

（4）尽管你觉得生活十分惬意，也不要得意忘形，要对突发事件有心理准备，学习处变不惊的生活艺术。既然人生不可能永远无风无浪，你又何必对失意的事耿耿于怀？

生命是一条漫漫长路，途中满布险阻，令性格怯懦的人颓然倒下，或者半途而废。不过，任何问题都有解决的方法，只要你明白自己的弱点所在，慢慢学习怎样去克服它，持之以恒，最后你终能得到胜利的桂冠。当你突然发觉事事不尽如人意，做什么事情都碍手碍脚，感到一波三折之时，应该如何处理呢？令情绪高涨的方法如下：

（1）将身子坐直，做十次深呼吸，冷静地衡量一下自己目前的境况。

（2）扪心自问，究竟有没有解决问题的方法，怎么去处理它，能不能干脆接受，面对问题。

（3）不要推卸责任，勇敢地肩负它，否则你会发觉路越走越崎岖。

必须明白一个事实：你认为命运作弄你的原因，只是事情的发展没有按照你原先所想的进行。可是，为什么你以为自己可以主宰万事万物？

尽管有更不堪的情况，也只是暂时性的，紧随而来的，一定是较好的机遇。不要坐以待毙，努力计划下一步应变的方法。因为习惯接受被动位置的结果，慢慢地会变得自暴自弃，永远无法创造自己理想中的生活。

接受失败的事实，把精力放在如何反败为胜之事上。不要过分自责，为自己重订目标，是自爱的第一步。

不要为自己订下太大的目标，细心考虑实现理想的可行方法，如果觉得目标太遥远，还是不要订为上策。

坐言起行，不要光是幻想，这一点十分重要，订下完成目标的日期，提起精神，全速前进，烦恼自会一扫而光。

一分钟心理指南

培养坚强的个性

一个人的自卑心理往往是由于对自己不正确的评价造成的。人的能力有大小，这是事实。但人的能力绝不只是一般的认识特点或操作特点，不单纯是由固定的智力组成，它还和人的个性相联系。

中国古代就有人提出“勤能补拙”，能力和自信心也是分不开的，自信心强的人，能够充分利用自己的长处，有效地避免短处。他们永远朝气蓬勃，乐观向上，信心百倍，即使遇到困难也表现出巨大的勇气和力量，在自信心的推动下，能够充分挖掘自己的潜力，顺利地把工作开展下去。不为自卑心所缠绕，在事业上有所成就，就必须具备坚强的个性。

心理学家认为：一个人如果自惭形秽，他就不会成为一个美人；如果他不觉得自己心地善良，即使在心底隐隐地有此种感觉，那么他也成不了善良的人；如果他不相信自己的能力，那么他将永远不会是事业上的成功者。

很难想象，一个缺乏自信心的运动员能够登上世界冠军的领奖台。正如拿破仑说的那样：“默认自己无能，无疑是给失败创造机会。”从这个意义上说，树立自信心是战胜自卑感的根本方法。

生活不欢迎有性格障碍的人

随着这几年生活节奏的加快，人们越来越感受到生活的紧张、竞争的压力、择业的艰难。生活在这种社会大环境中，由于人的身心的承受力还很脆弱，因而在家庭、社会、学业、事业的压力下，极易产生性格障碍的心理病症。

这些有性格障碍的人群，与正常的人不大一样。他们表面上仍过着正常人的生活，但当你与他们深入接触后，便会发现这些人很怪。比如与人开始接触时还客客气气，一旦熟悉了，就经常过度亲密或过度要求对方，甚至动不动就发怒。

这些人还有一个奇怪的地方，就是一会儿跟别人非常亲密，一会儿又突然转变情绪，怒目相视，从一个极端跳向另一个极端。

有性格障碍的人不会体谅别人的感觉和心情，非常自私任性，也因此面临着自我统一困难及心理混乱的问题。

此外，他们缺乏信心，经常处于情绪不安的状态。在现实生活中，人的性格障碍主要体现在以下几个方面。

1. 自我毁灭的人

有这种性格障碍的人是很可怕的，他们特别容易出现自杀等冲动性的自我毁灭行动。虽然基本上他们并不是真正想死，但还是经常造成无法挽回的身体伤害。

另外，有这种性格障碍的人，会为了逃避现实而滥用药物或酗酒、乱性、浪费金钱、过度饮食或拒食，有意用外物伤害身体。有的人甚至故意违反交通规则，引起交通事故。

2. 没有自信心的人

有这种性格障碍的人由于在意识层次上无法掌握自己，无法给予自己适当的评价，因此产生心理的不安定。

3. 无法抑制愤怒的人

在感情上，这种人大都不易被感动，经常处于极度不安或不快的状态。他们表达感情的方式非常激烈，无法控制激动的情绪。这是因为他们在成长过程中，一直没有养成压抑冲动及不满的习惯，因此无法掌握自己，没有信心，极度不安。

这种类型的人还有一个特点，那就是对别人的依赖和期待非常大，当别人无法接受或照顾他时，他便会以为对方背叛了自己。除此之外，这类人通常不会有罪恶感、自责感，而有一种与周围的世界格格不入的孤立感。

由于担心被别人抛弃，便以更激烈的方式想要把握或挽回与别人的关系，却总是因为方法或态度的问题而把事情搞得更糟。最后，当别人离他而去时，他便觉得被背叛而狂怒不已。

4. 不安定的人

这种人的人际关系通常非常不安定。或许这是因为他很容易和朋友闹翻，因此，朋友关系便多维持在点头之交的状态上，与一般人的交往更是浅尝辄止。这种无法与人深交的性格障碍，在相当一部分人的身上存在。

这种人在与朋友深入交往时，很容易变得依赖对方或毫无节制地要求对方，让朋友非常困扰。当对方无法接纳他或满足他时，他就会被激怒而任性地指责对方。这种过度以自我为中心的想法与做法，当然难以拥有良好的人际关系。

另一方面，由于他们对人的评价经常从一个极端走向另一个极端，人际关系当然不稳定。有时，这种人会把朋友任意地理想化，或给以过度的期待，一旦希望落空，便会转而拼命攻击对方。

有这种性格障碍的人，其心理一直处在不安定状态，不仅对自己，甚至对别人的期待、要求都呈现出偏执、夸大、不安定的倾向。

但是，现实是残酷的。事实证明，现代社会不欢迎有性格障碍的人，健全的个性才是今天的人们健康生活的通行证。

因此，对有性格障碍的人一定要早发现，早治疗，尽早恢复健全的个性、性格。否则，不但一生担忧一事无成，还会给家庭带来无穷烦恼，而且更会造成严重的社会问题。

一分钟心理指南

嫉妒心理如何突破

嫉妒是人生中一种消极的负面情绪，更是损坏人们身心健康的一大罪魁祸首。培根说："嫉妒这恶魔总是在暗暗地、悄悄地毁掉人间的好东西。"

嫉妒还是人际交往中的心理障碍，它不仅容易使人们产生偏见，还能影响人际关系。荀子说："士有妒友，则贤交不亲；君有妒臣，则贤人不至。"

所以，要正确看待嫉妒心理，积极地对它进行矫正。

许多嫉妒心理是由误解产生的。嫉妒者误认为对方的优势会造成对自己的伤害，从而耿耿于怀。所以，要打开心扉，主动接近，密切交往，加深理解，加强心理沟通，避免发生误会，即使发生了也要及时妥善地消除。

要想克服嫉妒心理，归根结底还是要有意识地提高自己的思想修养水平。罗素在其《快乐哲学》一书中谈到嫉妒时说："嫉妒尽管是一种罪恶，它的作用尽管可怕，但并非完全是一个恶魔。它的一部分是一种英雄式的痛苦的表现；人们在黑夜里盲目地摸索，也许走向一个更好的归宿，也许只是走向死亡与毁灭。要摆脱这种绝望，寻找康庄大道，文明的人必须像他已经扩展了他的大脑一样，扩展他的心胸。他必须学会超越自我，在超越自我的过程中，学得像宇宙万物那样逍遥自在。"

你的性格适应职场争斗吗

【测试目标】

在现今信息社会里，职场中的你已习惯每天上网浏览新闻，并查阅自己的电子邮箱。你是怎样处理收到的信件的？下面有四个答案，请任选其一。

【测试条件】

A. 让信箱塞得满满的，很少删信

B. 很少看信

C. 仔细阅读每一封来信，立即回信

D. 只看朋友寄来的信，其他全部删除

【测试结果】

A. 对于办公室如火如荼的斗争，你是眼不见为净，压根不想介入，也不想了解，没看到就当没发生。你生活在个人的桃花源中，与世无争，你只想留在你自己的城堡中，享受平静日子。

B. 你有信箱，纯粹是因为工作需要。你害怕竞争，更怕被淘汰。对于办公室的人事斗争，你花许多时间打听，只是为了不让自己成为箭靶。可是在知道之后，却又开始担心许多事情。你希望能选择最终胜利的一方，却又害怕万一选错，反而成为被打压的对象。

C. 对于外界的任何一点信息你都不想错过。你将办公室斗争当成八卦来研究，兴味十足。你不会轻易把赌注放在任何一边，你要看清楚利益在哪一方后才会作出选择，因为你是精打细算的人。

D. 讲义气的你在职场斗争里绝对不是利益一族，能让你选择加入的动力，也许是感激上司对你的照顾，也许是欣赏对方的做人做事。但是要当心，你也许会被别人利用，成为斗争的牺牲者。

【测试评说】

人在职场，仅仅知道怎样完成工作任务是远远不够的，还要了解自己是否能够越过或者绕过职场中那些人为的暗礁和漩涡，不被撞倒、不受困惑，并且站在潮流之首。

如果你是战胜“暗礁和漩涡”的高手，也不要骄傲，因为还会有“高人”制造出更加令你想象不到的“暗礁和漩涡”，如果你不是这方面的“高手”，那就要努力提高这方面的能力，修炼自己的性格，成为克服这种“暗礁和漩涡”的“高手”，但是，无论如何都不要成为设计与制造“暗礁和漩涡”的人。

职场也需要单纯，单纯走下来的人才能成为创业的高手。

职场工作看似给别人干的，其实都是给自己干的。

职场，其实就是在创造自己的事业。

你在同事中的威望有多高

【测试目标】

一个人在同事中的威望，是很重要的。这个威望可以成为被提升和重视的一个重要条件。那么，你在同事中的威望有多高呢？测试一下就知道了。

【测试条件】

明天要早起，你担心自己不能按时起床，只能调好闹钟提醒自己，你会把闹钟放在什么地方？

A. 一伸手就可以关掉的地方

B. 放在耳边，吵醒自己

C. 在听力范围内，越远越好

【测试结果】

A. 你非常在意他人的看法。虽然你也很想拥有独立自主的坚强个性，而且凡事也尽量表现出一副潇洒的样子，但是遇到问题时，你还是习惯先去征询别人的意见，虽然对方说什么你不见得会照样去做。你的逻辑是，多听、多问并不会少块肉，给别人一个面子，也是给自己增加一些人际关系，何乐而不为呢？

B. 人见人爱的你，非得将闹钟放在耳畔，只有这样你才觉得自己可以按时起床，才能安心入睡。你骨子里十分依赖他人，也正因为这样，使你拥有平易近人的性格，具有协调能力的你很容易就融入团体中。

C. 你有着过人的领导能力，而且这种能力在团体中越发容易凸现出来，但是要绝对小心，别太嚣张。你做事干脆，不喜欢依赖他人，热爱自己，拥有自己独特的风格。另外，根据统计，将闹钟放得越远的人越不容

易亲近。

【测试评说】

不管你是在意他人看法的人，还是人见人爱的人，还是有着过人领导能力的人，谦虚总是第一位的。可以推销自己，但不能太嚣张，那样就人见人烦了。给别人一个面子，让别人觉得你很重视他，他就会成为你的支持者。尽管你可以不听他的建议，但是没有必要当面或者背后批评别人的建议，更不能贬低别人的建议——这样，你的威望值就高了。

美味肉食测野心

升职的人，当初进公司时，可能一点也不起眼，令人压根儿想不到竟能平步青云。其实，从一个人爱吃的肉类，就可以看出他或她的权力欲望，这是隐藏不了的倾向。快查出你四周的同事谁才是真正的野心分子。挑选出对方和你自己喜欢的肉类就能看透了。

A. 牛肉　B. 猪肉　C. 鸭肉　D. 羊肉　E. 鸡肉

【分析】

选择 A——野心指数 90%。这种人可说是头号野心分子，对事业雄心勃勃。表面上看来是个好相处的人，可是从进公司那天起，无不处心积虑地想要向上爬，力求个人表现，努力做功夫，争取权力高层的注意。

选择 B——野心指数 70%。爱食猪肉者，常高估自我能力，认为自己的才能足以领导大家，很向往权势和名望，他们也花上许多时间去争取，得到后姿态摆得也很高，却不知自我才能其实平平，根本无法服众。

选择 C——野心指数 65%。嗜吃鸭肉者，很热衷突显自我能力，可惜弄巧成拙的可能性更高。工作上的专心度和努力度都有待加强；做事总是想得太多，却因此束手束脚，深怕野心外露会引起别人的议论，是典型爱吃又怕人知的代表。

选择 D——野心指数 50%。爱吃羊肉的人，其实才能不错，人缘也不错，还颇得办公室人员的赏识。他们渴望成功，也有些野心，但是却常常后继乏力，无力和他人拼到底，所以最后常常还是败下阵来。

选择 E——野心指数 30%。这类人的野心指数不高，智商却很高；才能不错，情商则略欠缺；对八卦消息十分热衷，虽然不是野心分子，却是八卦女王；只因害怕被权力中心遗忘，容易被野心分子利用，成为办公室斗争放话的传声筒。

在工作领域里，野心常被称做动机，因为野心是个吓人的字眼。不过如果工作缺乏动机，你可就完了。有了它，不甘平凡的发明家才会带给我们许多美好的东西；有了它，才会让我们的梦想成真。

莎士比亚曾说："没有野心，世界不会变好，更不会进步。"所以，我们必须眼观四面、耳听八方，用进取心保卫自己的竞争优势。

情爱篇

第四章 通过习惯看穿男人心

男人不是不想流泪，而是不能流泪；男人不是不想倾诉悲伤，而是无人可以倾诉。对亲人吗?怕他们经受不起，有时是说了无益；对朋友吗?有些伤痛不能说，有些又说不出口，能说出来的也只是痛快一时，解决不了根本问题。所以，男人只好将悲伤埋藏在心底，用沉默来度过人生的危难时期。

通过花钱习惯看男人

在不少男人的眼中，金钱不但是一种财富，而且是他们的权力和力量的象征，是衡量他们成功的尺度。

所以，从他们对待金钱的态度上，就可以窥见他们的部分内心世界。心理学家可以从不同男人的用钱方式，看出他们内心的想法。

1. 过分地送礼物给女伴

这种男人既害怕失去对方，又不愿意付出太多的感情给对方，于是，就给对方多送些物品，希望以此填补感情上的缺乏。从这种行为足以看出，这种人的情感经常处于一种自我矛盾的状态。

2. 要求女方付钱

这种男人严重缺乏安全感，希望别人能以各种方式给他保证。在有意无意间，他会令女方负担起约会的费用。和这种人谈恋爱，女方容易陷入一厢情愿的境地。

3. 对五毛钱的买卖也斤斤计较

这种男人能和别人因为五毛钱而争得面红耳赤，但却肯花大钱买最好的音响或古董。这种男人对感情可能同样势利，他可能很爱对方，但绝对容不下对方的无条理和任何不可靠的行为或要求。

4. 使用欺诈手段骗钱

有可能作出盗用公款和其他欺诈行为的男人，对感情也可能有欺骗行为。

5. 实际上很穷但却爱充阔佬

这种男人对钱看得过重，喜欢钱胜过任何人的感情，为了赚钱，宁愿牺牲和别人的任何关系。

6. 经常叫穷，实际上口袋有大叠钞票

这种人经常觉得不满足，总认为全世界都对不起他，要对付这种人是

十分伤脑筋的。

7. 最怕送人礼物

这种男人不懂得享受施予的乐趣，对待感情也同样自私，只想被爱，而不想去爱人。

8. 负债且生活不稳定

这种人不善处理生活，也不懂得如何处理感情和人际关系，理财能力和自制力也是极差的。

9. 视钱如垃圾，常借钱给朋友

这种人对金钱有正确的态度，对感情也会非常重视，值得对他付出感情。

通过抽烟习惯看男人

在我们的周围，可以观察到人们抽烟的不同姿势，包括点火、抽烟和按熄烟头、抖烟灰等。有些人的姿势有条理、优雅、小心而又自信；有些人不看着香烟就无法思考，仿佛香烟上有锦囊妙计；另有一些人则借香烟来平静心情，每当紧张时就把烟叼在嘴上。

有些男人常用嘴咬住烟尾，使烟尾被唾液润湿。带有这种习性的人，强烈地遗留着不成熟的幼儿心理，因为用湿嘴咬住烟尾的行为与婴儿吸吮乳头的行为如出一辙。

人们在进行谈判的时候，在气氛特别紧张的情况下，往往会把烟熄灭，或是任其燃烧着。可是，在紧张的气氛解除以后，他马上又会点上一支烟。

科学家们用了几年的时间，对抽烟者进行了观察和实验，发现了一些很有意义的现象。我们从一个人抽烟时的动作，可以在一定程度上了解一个人的性格，虽然谈不上十拿九稳，但也不会相差得太远。请看：

（1）烟已烧到尾蒂，还舍不得扔掉，仍要吸一口，这种人一定是非常节俭或是小气的。

（2）如果连半支烟都未吸完，便随手把烟扔掉，那么，这种人不是纨绔子弟就是态度轻率的有钱人，或者是他当时的心情不好，也许正是怒气冲天之时。

（3）吸烟者明明自己带着打火机，却不使用，而喜欢向他人乞火，用完火后又会将他人的打火机顺手牵羊，这种人的吝啬之极可想而知。

（4）有香烟而不肯敬别人，而当他人敬自己烟时，却要先假客气一番后再接受，这种人准是个利己之徒，一毛不拔的铁公鸡。

（5）买烟时，朋友们都争先拿钱，而他只是嘴里说着，手在口袋里乱摸，拖延到别人付了钱，这种人的小气已达极点。

（6）爱在空的高档烟盒里放低档烟的人，必定是虚荣心重而又不务实际者。

（7）凡是见客必敬烟的人，往往是个善于交际的聪明人。

（8）吸烟的时候喜欢吐烟圈，并愉快地看着烟雾在空中飘动的人，一定是个好静而不喜欢多动的人。

（9）吸烟时沉默寡言，或喜欢边吸烟边看书报的人，必定较为深沉，做事也有恒心。

（10）夜间独自吸烟，并徘徊不定，这种人必定有心事，或害了“相思病”。

（11）吸烟时必选高级烟者，此人必定好胜心强，并且很有钱。

（12）吸烟的时候，两眼不住地眨动，这种人必定很机警，很难接近。

（13）别人吸什么烟他也吸什么烟、爱向别人借火的人，生活一定马虎或头脑中没有多少知识。

通过喝酒习惯看男人

饮酒之后有些人整个变了样，而有些人则依然故我。常见的情况是话变多，突然变得活泼起来。如果注意观察一个人喝醉时的状态，就可以判断该人是个怎样的人。

1. 话多的男人

平常沉默寡言的人，一旦喝酒后即变得啰里啰嗦，乃是对平常的人际关系过于紧张的缘故。但是，这种人一般是礼仪端正的人，工作一丝不苟，任劳任怨；对长辈或年长者态度恭谨，对女性也真诚相处；人际关系上大致没有问题。

2. 动作变得活泼的男人

喝酒之后动作变大、变灵活的人，性格上具有强烈的反叛性，欲求不满。这种人讨厌受束缚，这乃是“不管怎样，自己都必须配合他人”的状态一再持续所造成的现象。同时，他的自卑感极强，对同事或前辈感到不满。

3. 意志消沉的男人

平常活泼又具行动力的人、攻击性的人、树敌多并强行执行自己想法的人，一旦内心有心事时常会变成这种情况。

这种人做任何事都能顺遂己意，然而相对地却常感到不安。他多半渴望改变自己目前的生活。平常神采奕奕地工作的人，突然变得意志消沉，从心理学的观点来看，这是极为危险的征兆。

4. 嚎啕大哭的男人

这种人是浪漫主义者。一旦他喜欢某女性就会热烈地追求，无法压抑自己的感情。平日踏实、努力并以诚待人，喝酒后容易落泪，多半是对性的欲求较强的男性。

5. 随便触摸女性的男人

性衰退或无法消解自己的欲求，或者在金钱方面产生问题，或者在工作上必须做自己不愿意做的事情而感到不满时，常有这种动作。这些人多半是中小企业的董事长或平常从事紧张度较高的工作的男性。

6. 与平常没什么两样的男人

饮酒后很难将真正的自己表露出来的人，通常过去曾因酒而造成失败，或对自己的缺点抱着过度的警戒心。

7. 喜欢唱歌的男人

这种男人喜欢社交，乐善好施，能清楚地划分公、私生活；有前途，值得信赖，不畏失败而充分地发挥自己的才能以配合工作。不论是在工作上或人际关系上，这种人都是春风得意的人。

8. 立即动粗吵架的男人

有些人因醉意做祟而有动粗的举止，或向在座者发牢骚。这种类型的人耐力极强，属于行动型。运动员常有这种举动，酒醒后会虚心地道歉。与这种人交往并不会发生问题。

9. 睡觉的男人

有些人喝了酒后立即昏昏欲睡，或双手环抱在胸前开始打瞌睡。这种多半是性格内向、意志薄弱的人，属于经常迎合众人的“唯唯诺诺的人”，与女友交往时可能因父母的反对而失去坚持的勇气。同时，这种人因过于老实而缺乏魄力。不过，对女性而言，这种人是很容易操纵在股掌间的。

不忠实的男人会突然改变习惯

要察觉出男人的不忠实，可以从以下几个方面入手。

1. 他的举止是否与以前不同

他在家里或在约会时突然变得神志恍惚，心神不定。你是否忽然间感到自己已在他的生活之外了？有一位女人说，第一迹象是男人不再同他的妻子说话。这样做是为了避免露出马脚，所以，他们谨慎小心，少说为妙。而另一些男人会突然变得敏感并不断地变换话题。有趣的是，一些原来爱发脾气的男人会突然变得温顺、亲切起来。

2. 他是否改变了老习惯

他可能突然要在晚上加班，经常去听音乐会，出差时间比以前长了。总之，呆在家里的时间比以前少了。他也许会对这一切作详细的解释，而过去却从不如此。

3. **你是否突然感到害怕**

你总是期待着他打电话给你，并常常为此感到坐立不安。你常常问自己，是否做错了什么事？若有上述感觉，那么与他在一起肯定会使你感到很吃力，对你来说，他比以前更高不可攀了。

4. **他的外表有什么变化**

若男人不忠实的话，他的外表肯定有明显的变化。他会为自己的体重担忧，并开始锻炼；添置新外衣，对自己的穿着特别讲究；也很注重梳洗头发，千方百计地遮掩秃顶或将灰白的头发染色，再换一副时髦的眼镜。又比如，遗失婚戒也是一个警报。

5. **在性生活方面是否也有变化**

性生活习惯的改变也可能是一个暗示，要是你追问缘由的话，他则常常岔开话题，顾左右而言他，或者索性变成一只“夜猫子”，在他确信你已睡着了之后才上床。

6. **你是否找到把柄**

在男人回家的时候，身上及衣服上的陌生气味和香水味都是可抓的把柄。同样，也要提防男人在工作了一个晚上后早晨回到家里时身上散发着淋浴过的香味。还有一些典型特征：留在他汽车中的女人小饰物，没写寄信人地址的信封，无法解释的账单等。

7. **是否有奇怪的电话打来**

当你与他在一起时，电话铃响了，他总是说：“我会打电话的。”以此来中断通话，或者是到隔壁房间关起门打电话，这些都不是好迹象。

8. **他是否突然鼓励你单独外出旅行**

有婚外恋的男人总是希望妻子去乡下亲戚家小住，如果是带孩子同去就更好了。

9. **他是否已经出于疏忽暴露了自己**

“偶然”并不少见，它常使不忠实的男人曝光。比如：叫错你的名字，写有电话号码、姓名和地址的字条，旅馆房间的账单等等。

一分钟心理指南

互补定律

在现实生活中人们还会发现，不仅特征相似的人会相互吸引，而且彼此之间差异较大的人也能够建立较为亲密的关系。在需要、兴趣、气质、性格、能力、特长和思想观念等方面存在差异的人，当双方的需要和满足途径正好成为互补关系时，可以在活动中产生相互吸引的关系。这叫做“互补定律”。这表明人不仅有获得认同的需要，也有从对方获得自己所欠缺的东西的需要。

生活中的互补一般可以分为两种情况。

一种情况是：交往中的一方能满足另一方的某种需要或弥补其某种短处，前者就会对后者产生吸引力。如能力强、有某种特长、思维活跃的人对能力差、无特长、思维迟缓的人来说具有吸引力；依赖性特别强的人愿意和性格独立的人在一起；脾气暴躁的人和脾气温和的人能成为好朋友；支配型的人和服从型的人能成为和谐的夫妻……

互补的另一种情况是：他人的某一特点满足了一个人的理想，从而增加了其对这个人的喜欢程度。如一个看重学历，而自己又失去拿高学历机会的人，就会比较看重高学历的朋友，等等。

每一个人各方面的发展都不可能是平衡的，必然有所长也有所短，有优点也有缺点。一项事业往往需要不同类型的人才形成互补，才能使事业整体上获得健康的发展。

男人喜欢逞威风说明了什么

许多男人喜欢逞威风，那是什么心理原因造成的呢？一言以蔽之，那是因为男人对“社会性承认”的欲求很强，却又残留着幼儿性。

所谓的“社会性承认”欲求者，乃是著名的心理学者A·I·凯兹所创造的名词，意指通过他人的尊重或者称赞，以获得满足的欲求。一旦这种欲求以力求上进的姿态被发挥的话，将带来男性特有的冲动，非常令人赞赏……然而很遗憾的是，多数男人一直还不能摆脱幼儿般的自我显示欲。是故，他们往往会以可笑的方式自吹自擂。例如：动不动就搬出毕业自哪所学校，喜欢坐庞大无比的旋转式椅子，甚至使用下巴指使人，等等。

一般说来，越是伟大的人物越不会吹嘘，因为他的成就已经获得社会大众的认可，再也不必以自我吹嘘的方式显示自己。不管旁人如何评价，他仍旧能气定神闲，不为所动。傲慢的人几乎都是一些低层的人员，他们之所以显得傲慢，不外是在夸示自己的存在，并且希望大众能够承认他们。在平常的日子里，面对上级抬不起头、缺乏自信的主管，喜欢对自己的部下作威作福。而受尽委屈的部下们，一回到家里，就把自己的老婆当作出气筒——如此循环不息。对于社会性承认的欲求不满足，必定会找出一个“泄洪口”，以便把心中的不满倾泻出来。

正因为如此，作威作福乃是劣等感的反应。纵然还不到这种地步，但也与缺乏自信有所关联。真正伟大的人物不仅不会欺负弱小，反而会保护他们。至少，所谓的作威作福，必定包含“虚张声势”的要素。例如，因不曾上大学而感到自卑的资深老职员，特别喜欢找大学毕业的新职员的麻烦。这无非是自我显示欲的表现。

根据各人性格的不同，作威作福的方式也有不同的类型。

其一，也就是夸示自己的优点和长处。

这种男人具有歇斯底里的性格，而且又多见于爱慕虚荣的男子。

“我在你这个年纪时，一天就把那种工作做完了。”

如果缺乏足以夸耀的才能，就会说：“我的手表是欧米茄的呢！”转而夸示自己的所有物品。

在酒吧的柜台不断要弄汽车钥匙，这也是名不见经传的市井小民最喜欢做的。

其二，乃是所谓的挑剔型的人。

最喜欢指摘对方的缺点。

“所以嘛……我再三地提醒过你了呀……你以为只要说一声‘对不起！’就可以把这件事打发过去吗?”

说着，便用力地拍打桌子，摆出一副傲慢的样子。更有一些人简直是从鸡蛋里挑骨头，经常找碴说：

“你写的字就像鬼画符！这个 8 看起来却像 3！你要多注意一点！”这种情形不胜枚举。

其三，就是作威作福的谦逊型。

他们属于自命清高的人。

“哪里……我可没有那份能耐（装出很谦逊的样子）……不过，托您之福……”然后一件一件地说出自己得意的事。

“您那样夸奖我，我实在感到惭愧……”

既然感到惭愧，那又何必说出来呢?

男人为何迷恋游戏

对于某一种游戏，男人也会很快地热衷起来。比如，在他们学打麻将时，他们的脑子中充满了麻将的影子，即使乘车时，看到前面座位上有三个衣着相同的女孩，就会在内心里想：那三个合在一起，就可“对对碰”了……

为何男人这样热衷于游戏呢?

第一个理由不外是——男人易热也易冷的个性所使然。

凡是新事物，男人都会全身心地投入。例如刚考取驾驶执照时，他往往会喜不自胜地说：“我到对街买一包香烟！”即使只有几步路，他也要握起方向盘，享受开车的“乐趣”。

第二个理由则是男性天生具有爱好游乐的性格。

平常不怎么喜欢运动的男人，一旦对保龄球产生兴趣，他就会时常到保龄球馆走动，并且跟同道大谈球经。甚至有些年过花甲的老伯们，也穿起了粉红色的衬衫，活动着“生锈”的老骨头，大玩保龄球。

第三个理由是日常生活太过于单调乏味、缺少变化。不过，男人的玩乐也包含着竞争的成分，到头来总是有胜败。或许，这才是吸引男人真正的原因吧？因此，这一点实在有研讨和重视的必要。

最明显的例子乃是所谓的“棋友”。只要看他们下棋，就不难知道男人如何的喜欢竞争，男人又如何的不肯认输。虽然两人是“臭味”相投的一对，实力也不相上下，可是，一旦面对棋盘，就都想打垮对方。

你能洞悉情场风云吗

【测试目标】

你和你的情人去观看最近人气急遽上升的足球比赛。此刻，球正传到了前卫选手那里，你所支持的队伍现在正要开始进攻。这是得分的大好机会，请问你认为这位前卫选手会用何种策略得分呢？

【测试条件】

A. 传球给在球门附近的人

B. 诱使对方犯规，延长比赛

C. 大胆地远射

【测试结果】

A. 选这个答案的人，属于能够不断发掘对方魅力的人。这种人原本洞察力、感受能力就很强，加上具有欣赏别人优点的心，所以，发掘魅力的能力很强。

B. 选这个答案的人认为智力、创造力、机智等才是全世界最棒的东西。从这层意义来看，这种人颇具有发掘对方魅力的能力。若是能体会到对方的体贴、包容、善良等个性上的特质，恋情便可以更加持久。

C. 选此答案的人，比较爱表现自己，容易被不错的外表或第一印象所吸引，但是，由于缺少耐心，不肯发掘对方所隐藏的魅力或能力，因此，一旦感觉最初的魅力褪色之后，恋爱的热情也会迅速消失。

第五章 鉴识好男人，看穿坏男人

男性，是人类的一半，了解他们，与他们交往，是女性生活的重要内容。由于男性心理特点与女性不同，所以你不能用了解你的女同伴的方式去了解男性，而应当用了解男性的方式去了解他们。

想一想：你要嫁给哪类男人

有一句十分流行的话：三个牧童，必谈牛犊；三个女人，必谈丈夫。

当女人们走到一起的时候，谈论最多的就是各自的男人，她们常常会得出一个十分现实的结论：我家的男人不如你家的男人。但是，这个世界上就是没有卖后悔药的。

女人的误区，关键在于爱情，她们尝了红苹果，又想尝一尝青苹果。生活里的男人有许多种，你只能选择一种与你携手并进。

1. 能挣钱的男人

这种男人常常是在生意场上辗转腾挪的。经过一番拼搏，他们像变戏法一样把钞票装到密码箱里。嫁给这种男人，女人肯定会像贵妇人一样衣来伸手饭来张口。

可是，贵妇人要受许多苦，例如长时间地独守空房，甚至有一天他送给你一些钱再外加一张离婚证书……结果，你总是觉得自己不幸福。你会发现自己像笼子里的小鸟一样，不能自由地飞翔，你会为自己的命运痛哭，觉得嫁给他真是太吃亏了。

2. 事业型的男人

这种男人常常受到人们的尊敬，他们兢兢业业地工作，不分昼夜地工作。嫁给这种男人，你会感到自己的生活十分稳定。可是时间一长，你可能会发觉日子不知为什么越过越穷，家务活却越做越繁重。

女伴的丈夫能天天按时下班，接孩子，照看老人。人家的男人能在她生病的时候，陪她上医院，可是你的男人却正在忙于工作。

人心都是肉长的，就算再贤惠的女人也会怀疑：嫁给这种男人，到底还要付出什么？

3. 浪漫型的男人

这种男人是最容易使女人着迷的，他们的舞跳得非常好，歌唱得非常棒，说话会朝人心上撞。在枯燥的生活面前，虽然浪漫是非常好的调味剂，但它毕竟不能吃多了。

你在接受这种男人的赞美之词的时候，也会怀疑，这些话是不是会在其他女人面前重复呢？

结婚以后，女人更需要的是男人把日常物品从楼下搬到家里。这时，女人才意识到自己的男人有太多的奶油味，后悔自己当初为什么不找一个实在一点的男人。

4. 现实型的男人

这种男人在日常生活中很多见，他们往往没有多少进取心，上班时公家的活可以做可以不做，可是家务活却总是和妻子共同分担，女人炒菜的时候他就煮饭，女人拿筷子的时候他就端碗。

嫁给这种男人，女人自然无话可说了。可是，一旦他在同一职位一干就是十来年，而且毫无上升的迹象，女人的心理就非常不平衡了。

可见，不难看出，无论嫁给哪种男人，女人都会感到不满足。那么，天底下的女人们就会因为害怕吃亏而不嫁人了吗？这自然是不现实的事，你绝不能害怕风雨就拒绝播种。作为女人，只要你所嫁的男人是那种把心放在你身上的男人，那么，不论他属于哪一种，你都没有吃亏。

学会鉴赏男人的内在魅力

有男子气的男人在性格上坚毅无比，顽强不屈。为了他的事业，能够坚持到底，奋斗不息。

这种男人胸怀宽广，遇到事情从不斤斤计较，受到冤枉不唉声叹气；他做事堂堂正正，不计私人仇怨，不图回报，与人为善，和同事在一起时忠诚坦白。

这种男人有理想，有抱负，有远大的目标。他从来都不庸庸碌碌，不浑浑噩噩。他可以不断地奋斗，从而有所建树。

他善于谋略，有胆有识，英勇无畏；这种男人刀山敢上，火海敢闯，为了正义的事业，可以视死如归，在所不惜。

这种男人有独创的精神，他从不守旧，好革新；他坚持真理，办事认真，碰到困难的时候头脑冷静，处理妥当。

他永远都有像火一样的激情和饱满的精神；这种男人胜不骄，败不馁，对前途充满了信心。

他还有侠义的精神，乐于助人，主持正义；他敢于见义勇为，向任何邪恶势力作斗争。

这些都是男人的“本”，如果他的言谈、着装和行为举止等和自身的气质、形貌与修养协调起来，便更具魅力，更能吸引女人了。

某些男人你从一开始就愿意与他们亲近，为什么这些男人能马上把你吸引住呢?

或许你会回答：“他富有魅力!”的确，魅力是一种十分可贵的品质，它从来都不与卑贱的东西联系在一起。在许多情况下，人们都觉得魅力这个词应该是用来修饰女性的，然而很多男人同样具有魅力，他们从生活中获得了许多回报。

魅力有的时候是与生俱来的，所以它被称为一个人的第二天性，这就是为什么某些男人惹你喜欢的主要原因。对于这些男人来讲，说他们拥有潇洒的外貌和特有的魅力再恰当不过了。

假如把男人的魅力归结为漂亮的外表，这或许不为你所接受，你会非常容易地从身边或者屏幕上的男人中找出许多名字，他们都是英俊的，可是他们却与魅力无缘；同时，你也会很容易地列举出一些男人，他们尽管其貌不扬，甚至显得有些笨拙，可是他们却深深吸引了你。

可见，潇洒的外表不等于魅力，它仅仅是男人展示魅力的一个有利的条件。一个富有魅力的男人，往往能改变你对他的第一印象。

初次与他见面的时候，你甚至感到他有些丑陋，他的眼睛看起来有点小，嘴巴也不太好看，额头太过宽广了。可真正与他接触后，他的热情、坦诚与幽默深深地吸引了你，与他在一起，你往往会感到说不出的愉快和幸福，他那看起来显小的眼睛变得十分迷人，他突出的嘴巴非常性感，而他那宽广的额头，则会使你产生抚摸它、亲吻它的欲望。许多男人也深知，女人是被他们内在的魅力所吸引的。

婚姻对男人意味着什么

如果你去听听男人们是如何谈论婚姻的，你就能知道他们并不怎么喜欢婚姻。

在一幅漫画中，一个年轻人的手里拿着一顶帽子，站在一位坐在椅子上的老人面前。老人说："不行，你绝不能娶走我的女儿。但是，你可以考虑把我的妻子带走吗？快带走我妻子吧，求你了。"

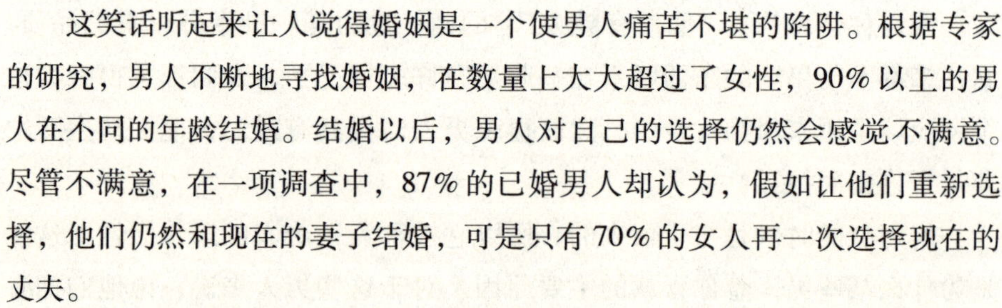

这笑话听起来让人觉得婚姻是一个使男人痛苦不堪的陷阱。根据专家的研究，男人不断地寻找婚姻，在数量上大大超过了女性，90% 以上的男人在不同的年龄结婚。结婚以后，男人对自己的选择仍然会感觉不满意。尽管不满意，在一项调查中，87% 的已婚男人却认为，假如让他们重新选择，他们仍然和现在的妻子结婚，可是只有 70% 的女人再一次选择现在的丈夫。

其实，婚姻对于男人来讲比对女人更有益。不管是在身体方面还是在社交方面，已婚男人看起来比单身男人更加健康，更加容易成功，犯罪的可能性也相对少一些。

为什么他们的埋怨还这么多呢？为什么他们还要诋毁婚姻呢？其实，男人们对于婚姻的口头诋毁是对婚姻依赖的一种补偿性的反应。

如果一个男人对朋友说他不想跟他们去喝酒，他绝不会说这是因为他想回家陪老婆，这样做会使他受到别人的嘲笑与指责。他会解释道："我要回家，妻子渴望见到我。"

他绝不会说："我要回家，我需要妻子。"

在某种程度上，人人都是感情的懦夫，人人都渴望得到爱情。男人与女人都盼望结婚，获得家庭的爱。他希望你在情感上关怀他，就像你期望他关心你一样。婚姻对于男人的诱惑之一，就在于它会提供一个有人关爱他的舒适的地方。需要婚姻对于他来讲是很正常的。不过对于男人来讲，过分依赖于你会使他不寒而栗，会使他感到懦弱。他经常会否认这一点，尽管他自己私下里也不得不承认。

当男人决定结婚的时候，他对婚姻感觉良好，他承担着男人的责任，接受婚姻的挑战。

男人自以为他会做一个好丈夫，这意味着他可以被依靠，或者变成一个好的供养者、好的做爱者。有一天他会变成一个好爸爸。可是，他却没有意识到这一切多么复杂。

男人在理智上与你一样都非常清楚地知道，一个成功的婚姻在于双方的努力，但在现实生活中他却往往忽略了这一点。

判断花心男人的七种方法

1. 注意男人的情书

在电话和互联网十分普及的今天，靠写情书来传达感情的男人，或许是由于他把情书看得很重要。不论他在信上写什么内容，他都想传递“爱情”的信息。

在许多情况下，喜欢写情书的男人，与其说他很热情，还不如说他是一位感情细腻、做事很慎重的男性，因此才把语言不好表达的意思写成文字来表达。然而，如果情书太频繁，你就要注意防范了。如果你把频频写情书的男性看成是充满热情的理想男人，那么等到谈婚论嫁的时候，你就会发现他的言行不一，结果双方兴趣全无，感情破裂。

2. 男人有钱是否变坏

女人往往希望男人英俊、聪明、善良、有钱、痴情。其实，世界上哪有这种男人？结果，女人们只能降格以求，想嫁给一位阔佬。但是她们忽略了一点：有钱并不是幸福。有钱的男人往往很风流，经常拈花惹草。而女人最不能容忍男人有外遇，她们相夫教子，为的就是能拥有一个安全、温暖的家。到头来却人财两空，这是女人所不能容忍的。

3. 浪子型的男人情绪像风

浪子型的男人的确有风度，谈吐也很风趣，知道应付场面的礼仪，学问渊博，打扮入时，而且还擅长捕捉女人的心理。你不喜欢热闹的时候，他能带着你去海边散步；你讨厌看电影的时候，他带你去听音乐会，等等。结果，你不知不觉地从心底里喜欢他。可是，这种男人在爱情上却有一个致命的弱点，那就是他的喜新厌旧心理。他喜欢新刺激，不然的话，他就会感到窒息。所以，这种男人很容易伤害女人，不值得女人去刻意追求。

4. 正视男人的心有旁骛

当你和男友在一起高兴地游玩时，每当有其他漂亮的女人擦肩而过，你的男友是否会把视线移向她呢？很多女人认为，这种男人要多加提防，他们肯定属于感情不专一的人。事实上，从男人在社会中所扮演的角色与立场来看，男人在社会上生存需要靠自己的实力，必须耳听八方、眼观四面才能避免危险，所以养成了对周围环境的关注。

其实，往往是那些目光不敢转移的男性发生外遇的可能性才更大，那是他太注意其他女性而采取矫枉过正的结果。

5. 不能上不修边幅的男人的当

就算是再懒散的男人，在约会的时候也会梳梳头，穿一件干净的衣服，希望给女友留下一个好印象。但是，仍然有一些男人约会的时候竟然还是不修边幅。结果，某些女人认为他“好可怜”，产生了恻隐之心而嫁给他。

结婚以后，这种男人在妻子的“调教”下，形象大为改观。但是，你不要认为他不善于修饰自己，缺少吸引女性的外观，所以不会轻易出现婚外恋，因而对这种男人不加防备。这种男人没有外遇则已，一旦有了外遇，往往会十分认真，陷得很深，使妻子大吃一惊，惊慌失措。

6. 精力充沛容易“花心”

对于未知或者全新的事物，男性往往好奇心很强，而且在面对这些新事物的时候，不像女性那样容易不安。他们常常会去积极地探索，想了解到真实的内容。

对新事物有着浓厚兴趣的男人，在嗜好方面比普通男人更广泛。遇到这种男人，女人往往容易心动，所以这种男人将来有外遇的可能性更大。

7. 好男人坏起来会更“坏”

有人认为，吃喝嫖赌是男人的天性。但是，有的男人绝对不会涉足这一切。可是，他们却有一个相同之处：他们有一项强烈的嗜好，为此他们可以投入全部身心。但是，这些工作认真、不识游戏滋味的男人，到了中年以后，如果尝到了游戏的滋味，往往会走火入魔，不能自拔。

从十个方面观察与你相交的男人

你怎样才能知道和你相交的这个男人是否可以继续相处？下面给你提供几条妙计，不妨一试。

1. 看他的生活用品

他的家里摆满书还是摆满球赛优胜奖状？是不是摆着与家人的合影？不经消毒你敢用他的卫生间吗？家里是不是凌乱不堪？这或许是他一时没空收拾房间，但如果他就是不爱整洁，那么他将很难改变恶习。你必须作出决定：你能与这样的男人生活在一起吗？你有把握改变这种脏乱的环境吗？

2. 看他交的朋友

你不可能喜欢他所有的朋友，但如果你不喜欢他的大多数朋友，这就是提醒你，他不适合你。男人结交一些女友也不是坏事，这有助于他理解女性的特点，也表明他能与异性交流。如果他只有女朋友而没有男朋友，你就要当心了。这样的男人会时常感到其他男性的威胁，他需要在异性面前坚定自信心。

3. 看他如何对待小孩

如果他嫌弃小孩，拒绝对小孩亲近，那么他永远不会成为一个好父亲。如果他非但不讨厌小孩，还乐于与小孩交谈，甚至伏身听孩子说话，趴在地板上与小孩一起游戏，这个男人无疑将成为一个好父亲，你值得与他发展关系。

4. 看他是否守时

与他8点钟约会，而他9点钟才到，说明他没把你放在心上。他觉得自己的时间比你的时间更重要，这实际上说明他缺乏对你的尊重。

5. 听他爱说什么

如果他在你面前充满温情地谈起自己的家庭，这种男人最能打动女人。如果他希望你与他共享欢乐或分担痛苦，这种男人则比较自私。还有一类男人喜欢对别人品头论足，看不起任何人，听信传言，甚至对别人的遭遇幸灾乐祸，这种男人趁早离他远点。

6. 看他对前女友的评价

讲女友坏话的男人靠不住。既然曾经相爱，为什么要诋毁其名誉？尊重自己以前的女友，才是大度的男人。但如果他总是在你面前说前女友的好话，这说明他仍想念她，旧情难忘。

7. 看他对母亲的态度

对母亲不好的男人，你不要去亲近他。男人对母亲的态度就能说明他对女性的态度。尊重母亲的男人，他同样懂得爱自己的妻子。但是，要注意，如果男人过分依恋母亲，言听计从，很可能缺乏独立性，这样的男人很少有男子汉的气概。

8. 看他如何看待金钱

有的男人总是抢着付账，这并不能证明他大方，反而表明他想控制女友，而吝惜、小气的男人在情感方面也注定斤斤计较。至于挥霍无度、经常透支，甚至负债累累的男人，你千万不可与他交往。

9. 看他对工作的态度

从某种意义上讲，男人对工作的态度就是对生活的态度。几乎可以预料，凡是在工作上稍不顺心就跳槽的男人，有朝一日夫妻关系出现一点点挫折，他也会一走了之。

10. 看他的心理是否健康

爱讽刺别人的男人，其实是借贬低别人抬高自己。这类男人心理不健康。还有一些男人无缘无故发火，有时冲着电视节目喊叫，还可能对餐厅服务员无礼。他可能在精神方面潜藏着隐患，有发展成抑郁症的危险。

十三种要不得的男人

在日常生活中，女人常常会碰到形形色色的男人。从一个女人的角度来看，以下十三种男人要小心对待，谨慎处理。

1. 非常酷、非常深沉的男人

他们经常是一副莫名痛苦的模样，愤世嫉俗。这种男人是要不得的，事实上他们生活在自以为是的世界里，痛苦得死去活来，追求一种永远也得不到的境界。他们与女人相处的时候，总是若即若离，使女人痛苦不堪。他们善于欺骗向往爱得轰轰烈烈的女人，可是，这种爱情仅仅是昙花一现。

2. 过分追求事业的男人

有事业、有地位的男人是最受女人青睐的，可是，过分看重事业的男人，往往会牺牲个人情感，选择那些能够在金钱、权势和能力等方面助他们一臂之力的女人。这种过分追求事业的男人的择偶是有条件的，因而不是真正能够患难与共的伴侣。

3. “浪子”型的男人

他们交际很广，从来都没有打算一辈子厮守着一个女人。可是“男人不坏、女人不爱”，许多不信邪的女人往往跃跃欲试，想用真情或者纯情去捆住他们，这只不过是一厢情愿的做法。

4. 大男子主义者的男人

他们喜欢吆五喝六，一副“大丈夫何患无妻”的模样。这种男人如果是表面上这样，而你的确爱他，那就维护一下他的尊严吧；如果骨子里也是如此，那么做他的妻子就惨了。

5. 油腔滑调的男人

这种男人甜言蜜语，虚伪地恭维每一个女人，使人浑身起鸡皮疙瘩。

可是，许多女孩就喜欢这一套，被灌得迷糊了，还在沾沾自喜。与这种男人平时应酬应酬、做个朋友还可以，如果把他们的话太当真可就糟了。

6. 有很多女性朋友的男人

他们对每一个女人都非常关照，就像一个大好人。男女之间是不是有真正的友谊还需要探讨，但若他对每一个红颜知己或者好妹妹都事无巨细地照顾，就不会有更多的闲暇顾及你。不信，你试试就知道了。

7. 太注意自己形象的男人

这种人穿着隆重得体，出门以前总是梳三次头再照三次镜子。表面上他是为了取悦女人，其实他最关心的人是他自己，而且十分自私，很少会顾及到女人的感受。

8. 有恋母情结并且女性化的男人

这种男人在幼时和母亲接触太多或者是太缺乏父爱了，故在长大成人后什么事都依靠母亲，他们缺乏独立的意识，应变能力很差，做事没有充足的信心。因为过于恋母，他们的行为与心理都变得女性化，这从他们的外表与喜好就可以看出来。比如，他们喜欢穿质地柔软的羊绒织物，爱窃窃私语，厌恶运动，爱收看电视连续剧。和这种缺乏男子汉气概的男性交往，你不仅感觉他不像男人，也会觉得你越来越不像女人了。

9. 志大而才疏的男人

这种男人好高骛远，追求完美的生活和成功的事业，他们按照社会的期望把自己的生活安排得很满，工作、交友和娱乐活动都不曾错过，并且都想赶在潮流的最前沿。但他们往往缺乏内涵，没有真才实学，因此才让许多事情来充塞时间，给你一种成功男士的假相。你如果和这种男人在一起生活，时间一长就会发现他只是一个假好男人。这种男人一生都不会有什么出息。

10. 不修边幅的艺术家

这种男人非常有才华，他具有丰富的想象力，往往成为令众人仰慕的艺术家。他不太注意外表，行动与思想都非常另类，留着长发，衣服也很破烂，很长时间不洗澡的样子。由于他太陶醉于艺术创作之中，很容易忽略你的存在。和他生活在一起，你往往感到这并非真正的生活，你根本不能接受他的想法，你更无力改变他。

11. 急于结婚的男人

这种男人往往和你约会几天，甚至数个小时以后便会向你求婚。刚开始的时候，他会表现得非常绅士、非常浪漫，他会与你在沙滩上漫步，送你一束鲜花，替你预备晚餐，甜言蜜语地说“我爱你”。可是如果你真的嫁给了他，就会发现他所做的一切全是表面上的。结婚以后，他完全变了一个人，总是挑剔，喜怒无常，并且他从不认为自己有错。因此，你应该趁早避开这种男人，特别是经过多次婚姻的男人。

12. 金钱至上的有钱男人

这种人什么事都以金钱为第一，似乎有钱就有了一切。他在物质上完全得到了满足，精神上却十分空虚。和这种男人在一起，女人往往会变成傻子，她的精神也十分空虚，喜欢把自己的物质条件向其他女人炫耀。

13. 心理不健全的男人

对于心理不健全的男人，你绝不要轻率地作出选择，与他一起生活非常痛苦。常见的心理不健全的男人有以下几种：

（1）心胸狭窄：不准妻子和其他男人稍有接触。

（2）心理阴暗：为了达到目的，往往使用卑劣手段却不以为耻。

（3）胆小懦弱：无所作为，被别人看不起。

（4）酗酒赌博：没有理智，容易被别人或者环境摆布，对妻子缺乏温存。

（5）举止轻浮：对两性关系看得非常随便，经常玩弄女性。

（6）非常吝啬：需要花钱的时候不花，对每一分钱都控制得很紧。

选择生活伴侣是一件终身大事，女人绝不能草率行事，否则的话，婚后一定会出现许多矛盾，不仅婚姻的美满感无从说起，还会导致家庭的破裂。

有一种男人，他们尽管不善辞令，可是对你却关怀备至，能够全心全意付出，能够接受你的优缺点，愿意和你平凡地度过一生。这种男人是值得信赖和托付终身的，假如遇到的话，绝不要瞻前顾后，追求浪漫了，因为你是生活在现实之中的女人。

了解男人心理的四种手段

男性，是人类的一半，了解他们，与他们交往，是女性生活的重要内容。由于男性心理特点与女性不同，所以你不能用了解你的女同伴的方式去了解男性，而应当用了解男性的方式去了解他们。

首先，要全面地看问题。了解男性，不可以偏概全。在男性身上，往往优点与缺点互相掺杂，集于一身。倘若不能全面地看待他，从总的方向把握他的特质，就可能失之偏颇。

其次，要动态地看问题。了解男性，要从动态的角度出发，不能静止地看待他们。人是活生生的生命体，他的思想、品格、经验等每时每刻都在发展，都在变化，要认清他的主导方向、他的思想脉络的主流，以宽容的态度对待他身上的小缺点，不能忽略其难能可贵之处。

从以上两个原则出发，了解男性心理就能比较准确、比较客观。具体地讲，了解男性心理有如下几种方法。

1. **交谈法**

通过交谈去直接了解男性是最重要的方式之一。要注意交谈的场合、氛围和环境，应当创造一个自然、愉快、轻松自如的谈话气氛。不一定要有目的地提什么关键性的问题，可以随心所欲地谈些无关紧要的话题。在谈话中，通过男性发表的对各种各样的问题的看法和采取的态度，去把握他的心理。要善于区分对方的话语中哪些是真实的、能够体现其个性的语言，哪些是信口开河、没有任何意义的语言。谈话是一种艺术，要掌握谈话的技巧，还需要你在生活中细心揣摩，用心体会。

2. **激将法**

激将法对于了解男性心理是很有效的。激将法的秘密在于其所运用的逆反心理。所谓逆反心理，指的是在某种特定条件下，某些人的言行与当事人的主观愿望相反，产生一种与常态性质相反的逆向反应。这种现象在日常生活中屡见不鲜。比如某篇文艺作品本来不太引人注意，但一经评论便会引起人们的极大兴趣；某些东西越是严禁，人们就越是希望得到它；在交往中有些青年对狂热追求自己的人不屑一顾，却倾心于冷落自己的人。这都是逆反心理的作用。

逆反心理产生的心理基础，是人们的好奇心和求知欲。好奇心是求知欲的心理动机，某事物在被禁止时，最容易引起人们的好奇感和求知欲，尤其是在只禁止而又不加以任何解释的情况下，更容易引起人们的各种猜疑、揣度、推测，以至追根究底。利用这种现象去了解男性往往奏效。

举一个最简单的例子：你对某位男性说，由于他做不了某件事情，因此你感到有些失望，等等。结果，他便会立刻想方设法去完成这件事，让你知道你对他的估计错了。通过这一激一反，你可以从中观察出他的心理特点和性格中的独特之处。

但是，逆反心理毕竟是一种不健康和违背客观的反常心。在运用这种方法时，要注意分寸，从善意出发，否则易产生不好的效果。

3. 观察法

通过观察法了解男性也是一个良好的途径。观察法是指在特定的环境中，对某个男性的各种表现进行考察，得出综合印象，再经过自己的分析加工，最后把握其本质特点。这种方法是最易于实施的一种方法，它既不需要观察者亲身接触其观察的对象，也不需要有意安排或预先准备，只需经常与其一起参加活动，能够在各种场合中看到其表现就行了。观察法又分为横向观察与纵向观察。前者是说要观察男性在与各种人交往以及遭遇各种事情时的态度、方式、风格、优点、弱点等；后者是说要有一段时间的观察，比如 1 个月、2 个月、半年、1 年等。因为仅通过一两次的观察，很难完整地了解一个人，必须经过一段时间，从动态的方面去把握对象，才能形成完整的印象。

4. 调查法

以上三种方法都需要当事人亲身与所要了解的男性正面接触才能取得结果。而调查法则不必如此。它通过与被了解者的朋友、家人、同事、上下级等交谈，从这些人的反应中获得材料。这种方式所获得的材料，仅是第二手的材料，不如前三种方法所取得的材料可信度高。一般来说，你所接触的被了解者周围人的范围越广，这些人的个性越成熟，你得到的印象就越正确。但是，若想真正了解一个人，最好的办法还是亲自与他打交道。这是最有效的方法。

以上是了解男性心理的四种方法。在生活中，我们不可能独立运用某一种方法，必须几种方法交替使用，才能全面了解、考察一个人。

粉碎男人的爱情谎言

如果你爱上的是一个有妇之夫，那么，你一定要悬崖勒马，避免作出无谓的牺牲，原因有以下几点。

（1）已婚男人爱上自己妻子以外的女人，不一定就是婚姻不幸福或是太爱这个外遇女人。

当一个男人在婚外表达爱情时，心里只想占有这个女人，他不会幼稚地想到要和她结婚。而女人在表达爱情时往往脑海里就会闪现出两人身穿婚纱站在教堂里的情景。这种天壤之别的心态，构成了男人和女人在婚外恋时的巨大心理差异。

一个男人在经历了婚姻的新鲜期（大概两年）后，便开始在心里梦想有出轨的机会。但家庭对他来说是一件很安全、很合身、很随意的贴身背心。他有一个很满意、很信任他的妻子，这种信任进一步鞭策他加快步伐找到一位红颜知己。他对他的妻子不能说就没有爱，他甚至对家庭还有着较重的责任感，他会为孩子的成长付出很多心血，会因为妻子有一天突然得了疾病而鞍前马后，他在家人和外人面前绝对是一个好丈夫、好男人。

（2）已婚的、小有成绩的外遇男人，他们身上的吸引力多数是妻子“打造”出来的。

他们身上成熟男人的魅力，一直在妻子的欣赏中，这使他滋生出骄傲和自信；他的眸子里因有妻子的柔情而显露出安宁和温馨；他在妻子数度的教诲中懂得了如何表达感情……

他不会去那种下三滥的地方，那样既不安全又消费不起，找一个安全又不花钱的女人，只需穿一件“爱情”的外衣。

（3）其实，就算不遇到你，他也会与其他的女人一见钟情。

这种男人会对女人说：我一生中最爱两个女人，一个是你，另一个是我妈。他对你并不是没有一点感情，他也时时想着你，出差在外会买上一份比给妻子的礼物稍微便宜一些的东西。在家里他也常常真的因你而对妻子心不在焉。这正是他要的感觉，他希望在他稳定的生活状态下，有着年少恋爱时节的激情和生活的多姿多彩。

在激情时他也曾动过和你结婚的念头，但事后又会理智地回绝自己不太坚强的灵魂。

（4）男人只想与你恋爱，对婚外女人想嫁给他的想法是又高兴又害怕。

当你提出要嫁给他时，男人得意的是，你还真爱他，同时，他又害怕被你无怨无悔地缠上。这种关系的结束，大多都是从你提出让他离婚，你想嫁给他的那一刻开始的。不过，外遇男人并不想很快离开你，便采取迂回战术，直到你熬不住了而离开他。

（5）大凡多次找借口不离婚而又对你拼命表白爱情的男人，在心里他就没打算和你结婚。

他不想与你结婚，他会找一个借口与你分手。这时的他已经很后悔和你把关系发展得太深，弄得自己疲于奔命。他此时考虑的是采取什么方式与你了结，最好是你等不了一走了之，或许你还觉得对不起他。在你写下诀别信准备离去的那个晚上，他会跪在你的面前，流着浑浊的眼泪说他的心已碎。

这就是一个道貌岸然向你苦苦表白爱情的花心男人的真实面目。陷在爱情中的女人，知道了这些，你还会爱下去吗？所以，你该好好呵护你的爱情之花，让它结出你想象中的果实。

测一测你的爱情观

【测试目标】

当你看到一个没有结局的爱情连续剧时，你会怎样想象剧中男女主角的最后结局？

【测试条件】

A. 有情人终成眷属

B. 男主角死亡

C. 女主角移情别恋

D. 两人失去联络，永远分离

【测试结果】

选择 A——希望爱情剧的结局是有情人终成眷属的人，属于有传统爱情观的人。这种人对于爱情的看法很浅薄，也很不切实际。持有这种传统观念和期待的人，可能本身的爱情经验不多，不然就是根本没有谈过恋爱，也有可能谈的恋爱都比较单纯，没有什么大风大浪，因此会把自己对爱情的期待投射到电视剧中。

这种人最好不要对爱情，尤其是对琼瑶式的山盟海誓、忠贞不渝的爱情抱有太多的期望和憧憬。毕竟时代变了，人也变了，如果你的爱情观还没跟上时代，有可能会跌得很惨。不过，话又说回来，这种人在爱情的世界中，是很稀有的纯情动物，如果能一直保持这份真心，或许真能遇到一个纯情爱人。

选择 B——希望男主角死亡的人，在潜意识中对男性的爱情角色有排斥倾向。这种人很可能曾经吃过男孩子的亏，或许一直对男性没有什么好感。也有可能是嫉妒剧中的女主角，故意要让女主角痛失爱人。如果是这种动机，就有可能对某个女子怀恨在心，不知不觉从潜意识中泄露出来，希望所有陷入情网的女子都得不到真爱。总之，选这个答案的人，对爱情的本质有比较深入的体验，不过相对地有比较悲观的爱情观。

选择C——希望剧中女主角移情别恋的人，在心底深处对女生有强烈的不安和恐惧感。这种人暗示自己对爱情的定性和定力没有信心，很有可能背叛了爱人，变心移情。

选择D——两人失去联络，永远分离

选择这个答案的人，往往认为爱情靠缘分，既不能强求也不能执着，爱情宿命的色彩很重。这种人一生最怕的就是爱情被老天爷捉弄，一旦有了爱人会小心地保护、小心地约束，深怕像电视剧中的男女主角一样，即使望穿秋水、等尽一生，也还是不能遇上就住在隔壁的爱人，到最后才捶胸顿足地抱怨造化弄人。因此，这种人同时对爱情也看得很开，既然一切都是命定，爱人和被爱都不必强求。

【测试评说】

标了价的爱情是虚假的。

钱财买不到真情。

爱情里面要是掺杂了和它本身无关的算计，那就不是真的爱情。（莎士比亚）

只为财富而结婚的人就是出卖自己。（托·富勒）

会嫁嫁对头，不会嫁嫁门楼。

爱情能化陋室为宫殿。（德国）

跟恋人在一起，窝棚也不比天堂差。（欧洲）

爱能使草屋变成黄金之窝。（荷兰）

爱情是兴致勃勃的外来客，是外来的自我。（爱默生）

血型之间的最佳组合

1. A型与A型的组合

两人同为A型时，呈一闭锁状况。凑在一起时，讲友情是十分重要的，也就是合作时，最要紧的是要互相商量。无论何时何地都不可对周围的人乱发脾气，避免惹是生非。

A型的男性由于内向保守，故不适合做生意，通常，选择稳定性的公务员或职员工作最为恰当。

A型女性对家庭的经济观念重，能持家，富责任感，如果与A型的男性结婚，可以建立平静安定的家庭生活。

2. A型与B型的组合

浪漫纯真的A型与恋爱性强的B型结合是最理想的一对。A型是住家派的，而B型是开放派的；A型的温雅与B型的骄狂，二者相配，正可取长补短，给生活添加许多乐趣。

3. A型与O型的组合

A型的人有主见，自信心强，O型的人则冷静理智；A型的人平日不太拘小节，做事直来直往，O型则比A型小心谨慎。因此，A型与O型的人合作或结合，无论是友情或爱情，都能长久持续，恩爱无比。

不过，O型的人比较现实，经济上斤斤计较，与A型的任意花费不协调，因此在这方面两者要互相沟通、忍耐，才能建立愉快的婚姻生活。

4. A型与AB型的组合

AB型的人，口舌犀利，对人毫不客气地抨击，给人一种尖酸犀利的感觉；A型的人为避免生事端，则不在别人面前提出率直的批评。在交朋友方面，A型对朋友缺乏信赖与信心，而AB型则相反，对朋友信赖、放心。

在感情上，个性较弱的A型会从AB型之处得到安全和满足，婚姻幸福。

5. B型与B型的组合

B型的人大都胸怀开朗，做事有计划、有个性，在工作中发挥所长，有独当一面的才能，是个成功的实业家。

两个B型的人，情志较脆弱，且性情易变，忽而西又忽而东的，因此，婚后必须重视储蓄，努力为自己的家着想，生活才不致闹得不愉快。

6. B 型与 O 型的组合

B 型的人急躁冒进有傲气，O 型的人讲究现实，二者擦上火，成了恋人，也可成为最佳拍档。

假如 B 型能改掉忽三忽四的态度，肯对 O 型真心相许，彼此信赖，则 O 型可感到非常满足。然而 B 型的人感受性强，耳朵容不下半句不中听的话，因此恋爱过程中纠纷不断。

7. B 型与 AB 型的组合

B 型的人十分自傲，而 AB 型的本质阴晴不定，二者碰在一起，不是理想的对象。

B 型的人情绪易激动，而 AB 型的人则冷酷孤僻，两个走极端的人，不管是恋爱，还是工作上的合作，最好少在一起为妙，否则成事不足，败事有余。

8. O 型与 O 型的组合

O 型的共通性是个性强，不妥协，凡事总是强调自己的意见，不理会别人。因此两个人都是 O 型的话，彼此要节制、团结、互助，否则不是鸳鸯就成怨偶。

对于婚姻生活，O 型的男性能表现一家之主的气概，女性则也是个贤能的家庭主妇。

9. O 型与 AB 型的组合

O 型的人重实际，与有奇才的 AB 型的人结合，则 O 型对 AB 型的人的傲慢自大比较能理解与包容，并进一步助其一臂之力，所以家庭与事业上都能成功，是很好的一段姻缘。

10. AB 型与 AB 型的组合

高傲自大且目中无人是 AB 型的特性，两个 AB 型的人在一起，无论是恋爱还是工作，都很累，因为 AB 型的人对感情的苦楚无关痛痒，且容易造成相互的精神紧张，搞得彼此都没有休息的机会。

因而两个 AB 型的人结合，不可太冲动，凡事要以冷静的态度去处理，这样才会快乐。

从胆量看你的爱情结局

蹦极挺危险的，高空跳伞也很刺激，你会去尝试吗?

A. 打死我，我都不去

B. 虽然很怕，却硬着头皮试试看

C. 既然有人敢做，我也做吧

D. 假装有心脏病

【分析】

选择 A——你有十足的理性，但对爱情容易封闭自己，很怕会吃亏，一眼望去给人的印象是不太开朗，所以很可能在感情上遭到封杀。在此建议你不要想得太多，勇敢一点，你会觉得事情并不如想象的恐怖。

选择 B——勇于尝试是你的优点，因此你只要喜欢一个人，就会传出信息让他知道，明明他有女朋友，你也不管。比较感情用事，因而你的情绪不太稳定，喜欢时很喜欢，一旦兴趣淡了，你可能就会半途而废。所以，既然喜欢他，又采取行动了，就不妨勇敢地努力下去，也许会有成果。

选择 C——在感情上你绝对坦白，也是爱情的常胜将军，但有时就是太自信了，反而把一些意中人吓走，所以最好偶尔试试欲擒故纵，或若即若离，吊对方的胃口。

选择 D——你做什么事总要找个借口，好面子，这样会害死你的。在爱情上如果借口太多，会使你得不到情人的信任。要小心使用借口哦。

相爱难免受伤，其实，爱情需要胆量和勇气，既然选择爱就要有勇气去接受与爱有关的一切，纵然失败也不要因此丧失对爱的信心。爱情这杯浓茶只要品过便唇齿留香，在付出爱的代价后，即便苦涩，也是爱的收获。

第六章
女人“爱商”启蒙

搞定多情的男人很容易，让他长久倾心却是困难的。好在百般风流的男人也常常会被一个女人招安，和所有不曾风流、不会风流的“好”男人一样，踏踏实实地只和一个女人折腾。

e时代人需要的爱情素质

看看这边的现代爱情小片段，读读那边的流行爱情观，你是否可以发现，新世纪的爱情观虽然多元，但总体趋向务实、理性和带有享乐色彩，同时，在爱情关系中更注重保持个性和追求男女平等。

和这样一种流行趋势相适应，什么样的爱情素质才足以使我们在现代爱情中游刃有余，进退自如呢？我们试着来列出几条。

1. 相信爱情，但不迷信爱情

相信真正的爱情是存在的，但期望它会超越一切是不现实的。爱情可能随时间的变化而变化，它的消亡不一定意味着背叛，而极有可能是自然的衰退。对爱情作如此认识，可以使我们不迷信爱情，也就不容易受伤和绝望。

2. 能进也能出

投入的时候可以忘我，结果出现时应让理性站出来，不管这种结果是婚姻的开始还是爱情的结束，这也就是所谓的“该出手时就出手，该放手时就放手”。这样才能把握爱情的主动权，不在感情中迷失。

3. 主动和开放的姿态

守株待兔地等待爱情，一定会错失很多机会，现代规则是把握时机，主动追求，蔑视追求者的人也可能被人蔑视。封闭自己是愚蠢的，封闭爱情则是徒劳的，只要建立起自信，开放只会使我们拥有爱情，而不是葬送爱情。

4. 具有爱的能力

必须具备付出的能力、理解的能力、宽容的能力和自我承担的能力。不要指望爱人会为我们分担一切，很多东西我们仍然需要独自面对；付出比索取对爱情更有益，也使自己更快乐；宽容对爱情有出乎意料的效果，在要求、指责、恳求都达不到目的时，宽容也许可以奏效。

5. 有一点心理弹性

享受爱情的亲密，接受爱人的疏离，松和紧都能悠悠掌握。拥有的时候要珍惜，失去了就赶快转弯，不必没完没了地追悼过去，相信新的爱情就在前方。

6. 了解一点爱情心理

似可得又不可得的状态，感情最易升温，利用这一点可以强化爱情气氛；制造一点小障碍，会使爱者斗志高昂；爱人遇到挫折，最需安慰；鲜花永远是爱情所需。诸如此类，不一而足，用好了，会形成良性的互相激励态势。

7. 有一点经济基础

虽然物质和爱情不一定成正比，但有一点物质基础绝对有益于爱情的健康成长，不食人间烟火的爱情很难长久。“说到底，爱情是超越成败的。爱情是人生最美丽的梦，你能说你做了一个成功的梦或失败的梦吗？”这是哲学家周国平先生的话，无论我们的爱情是什么状况，用这句话来鼓励和安慰自己都不失为聪明。

尊重男人是你被他喜欢的前提

对许多女性来说，要想“喜欢”男人，你必须去除恐惧、不安全与理想化。简言之，你必须试着去接受男人。

接纳对方是喜欢的第一步。喜欢通常是紧跟在情感上的接纳之后的。聪明的女性在了解男人后便会喜欢上他们，而她们之所以了解男人，主要还在于她们清楚自己需要什么。

接纳、喜欢男人最常见的障碍就是缺乏了解。许多女性因为不是真正了解男人，才会难以喜欢他们。女性对男人的了解往往来自神话故事或传统观念。在传统角色上，男性即代表主动、自我克服，他们从不表明自己的需求。他们确保自身安全的方式就是防止女性看到一些足以威胁到他们的阳刚之气的事物。许多女性所不能了解的就是关于男人的脆弱与敏感。他们也需要被喜爱、被尊重。一个聪明的女性一定会避免作出如下贬低男性自尊的行为，使他们对自己恨之入骨。

1. 切忌谈及他们的“秃顶”

如果是男性朋友取笑他的秃顶，他往往能一笑置之。但如果女性提及时，则会令他感到极端不快，原因是他产生了恐惧感，深怕在女性眼中丧失了吸引力。

2. 勿在男士面前批评他的母亲

因为母亲是男性生命中第一个眷恋的“异性”，母亲受到恶意的批评，定会大大地伤害他的感情。

3. 不要对他的“浪漫观点”加以贬斥

几乎所有男性都以大情人自居，假如女性低估了他的浪漫气质或罗曼蒂克幻想力的话，那是一种致命的伤害。

4. 不要把他的饮食偏好作为谈话题材

男人最不愿别人剥夺他享受喜欢食物的权利，也不要指出他对某种食物的喜好可能导致健康受损。

5. 不要在男性面前嘉许另外一个男士的成就

男性中很多人气量较浅，在他面前提及别的男士会使他认为自己被看扁，被有意奚落。

6. 不要指责男性

男性向其他女人投以目光，是男性的一种天性，但却经常受到女性的责备，因此，男人不喜欢女性提及这件事。

7. 不要对他的工作做批评

如劝告他争取升职、加薪或调换工作等，他会认为你对他的能力、野心及进取心缺乏信心。

在男性面前保持自尊的方法

许多女人以为男人都自私、霸道、占有欲强，因而对男性要么抱有一种仇视的态度，要么一味地降低自己的尊严去迎合对方。这就给女人提出了一个问题：怎样在男性面前保持自尊呢？

（1）作为女性，要清楚地知道自己是谁，知道生命中想要些什么，尊重自己，不要尝试扮演别人或模仿别人。男人只会对真正的你感兴趣，他们只会对那些重视自己而又有感情的女性所吸引。伪装的女子只会吓跑男子。千万不要猜度一个男人需要什么，这是不诚实的，最终也会被他揭穿。事实上，经常扭曲自己来迎合他人也不是那么舒服。

（2）对男人不要太挑剔。不要以他的外观来妄下断语，他可能太矮、太内向又不会打网球，给他一个机会，就算你对他心存疑惑，也不要太早下结论，赴过他的约会后才会明白。

假若事情的发展并不如你所愿，不要总是责怪男人，你是否也有责任呢？好好检讨你的行为及态度，你是否想控制他，或者你经常把旧男友挂在嘴边，抑或是你把他看管得太紧？

（3）要在男人面前做一个旗鼓相当的对手，和他有一个对等的关系，找出什么对自己重要，并确定他也有同感。要清楚地知道自己需要什么，可放弃什么，并清晰地说出来。

（4）有时候拒绝男性并不一定是坏事。好好面对，你不必为一段关系的告终而感到失败，有时候，拒绝只是暂时的，不要怪自己。

（5）表现亲切大方。女性有时候会令男士感到威胁，因此女性应小心，不要有出其不意的举动，或说些意想不到的话。无论你做什么，不要太刻意、太小心眼，这会令男人紧张。不要一味想着婚姻及孩子，多珍重那份独立自主，不必为他临时的约会而破坏你原有的计划。

（6）尽量让你们的关系自然和谐。男人其实并没有女性所想的那么复

杂，不要对他们那么苛刻，亦不要以自己心目中的男人模式开始一段关系。男人就像女人一样，并不是什么洪水猛兽。假若你喜欢坚强的硬汉，不要企图改变一个优柔寡断的人，这只会令双方感到沮丧。假若他说他不希望改变自己，那么，奇迹出现的机会是微乎其微，你应该相信他所言，并寻找另一个合适的人选。

女人婚恋的误区

下面简要谈一谈女性婚恋的十个误区，望引以为戒。

（1）“我等待着真正合适的人。”问题是你心目中渴望的白马王子就像中彩一样很罕见。当你被动地等他上门的同时，你会忽略你周围的男人们的优点，所以，你最好这样想：有许多适合于我的人——只不过要有目标地物色罢了。

（2）“只有当我感到成熟时，我才结婚。”那么请问你什么时候成熟呢？害怕结婚是孤独的第一阶段，在这么一个关键的步骤前认真思考一下什么是婚姻，是完全正确的。但是，你不应当避免现实，你要克服对结婚的恐惧。千万不要忘记，两个人的生活会使两个伙伴更加成熟。

（3）“下决心之前，我宁愿长久考验对方。”你买汽车时，先试一下车，销售商是绝不会反感的。但一个男人不是一辆汽车，不信任将会破坏感情的基础。考验的时间太长，他会受不了痛苦的折磨离你而去。

（4）“我只嫁给完美的人。”没有一个人是十全十美的，如果你一定要找一个完人，那么你只有无限地失望。两个人生活在一起免不了会有磕磕碰碰，这正是两人生活的乐趣所在。

（5）“只要我尽了努力，我的婚姻会成功的。”没有人能够单独承担婚姻美满的责任与义务，你若是以为婚姻是你单方面的责任，你很快就会筋疲力尽的。美满幸福的婚姻须靠两人共同努力。

(6)“先同居会提高婚姻的成功率。”当然，这会促进相互了解，但是，这并不能保证白头到老。要知道，非婚姻关系总和婚姻关系不一样——任何一位离婚诉讼代理人都能向你证实这一点。

(7)“如果我真正爱他，就可以结婚了。”这可是一种危险的见解。爱情是美好的，但是，为了共同度过一生，还需要更多的东西：共同的兴趣、相互容忍、适应和接受对方。

(8)“如果我的伴侣与我完全相反，婚姻就绝不会单调乏味。”反差鲜明一开始可能是有吸引力的，但是随着时间的推移，几年、几十年之后的矛盾冲突只会让人心烦。如果你喜欢吵架，那么你就找一个与你完全相反的伴侣。否则，你最好找一个在重要事情上与你思想一致和共同行动的人。

(9)“是否能找到伴侣，我听天由命。”寻找伴侣可不是靠偶然因素来决定的赌博。谁要想摆脱孤独，就要为此做些事情：要适当地参加一些社交活动，扩大社交圈子，不要闷在家里。

(10)“随着时间的推移，我会改变他的。”这一观点绝对错误。随着岁月的流逝，双方都会磨去各自的棱角。但是，没有人能使对方改变他的意志，相反，你越是让他顺从你，他越会反感。

与“坏”男人斗智三大绝招

说到“坏”男人，大多是指那些曾经风流、荒唐，个性突出、张扬，经历复杂的男人。可是，这些也正是他们身上难能可贵的优点。正因为他们曾经风流、荒唐，所以才真正明白自己内心的渴望，一旦遇到真爱，他们往往会比“好男人”更珍惜、更勇敢；正因为个性突出、张扬，才可以打破僵局，总有惊喜；正因为经历复杂，所以才更有承受能力，更懂得包容，体谅身边的女人。

如果“好”男人和“坏”男人同时追求一个女孩，“好”男人往往不是“坏”男人的对手。因为“好”男人虽然单纯、高贵、有原则，但可怕的是，他们往往对女孩要求严格，遇到问题绝对立场坚定，毫不让步，真正得罪不得。可“坏”男人便不同了，他们经历得多，对生活的领悟也多，他们更有诚意去理解与包容，更愿意为所爱的人而让步。换句话说，“好”男人更“自爱”，而“坏”男人更爱你，偏偏现代的女人，又有哪个不需要对方的爱和“通融”呢？

搞定“坏”男人很容易，让他长久倾心却是困难的。好在百般风流的男人也常常会被一个女人招安，和所有不曾风流、不会风流的“好”男人一样，踏踏实实地只和一个女人折腾。你若摊上这么一个“坏”男人，可谓喜忧参半。喜就不用多说了，但忧怎么解除呢？你怎么判断他就此打住，从此对你一心一意呢？其实判断是多余的，因为生命还在延续，你们一天没有退出人生舞台，就一天都不能作出正确的判断。重要的是过程，重要的是你如何在这个过程中不露痕迹地控制着他，使他永远痴心。以下便教你与这样的“坏”男人进行对抗的几大绝招。

第一招：“坏”男人天生情商就很高，他不屑玩小聪明、小花招。和他相处，如果你发现问题、抓住破绽，不如直截了当、开诚布公甚至推心置腹，逼得他无处可逃。这样做不是为了解决问题，不是为了就事论事，而是要让他明白，你不但和他一样聪明，而且比他还强硬。多情男人喜欢和聪明女子过招，一两次的失败会让他产生征服欲望，而长期的智力抗衡，会让他在渴望进步的愿望中专心致志地对待你。这样你就可以很自如地在自己期望的时间段里，一直压着他。

第二招：不要对“坏”男人提要求，对他的“无为”是最大的作为。不要要求他总是陪你吃饭、逛街、送礼物、随叫随到，哪怕他对你当前很死心，也得悠着点儿。这是因为，应付这些差事对他来说易如反掌，没有任何建设性和挑战性。如果他发现甚至连向你献殷勤的机会都是有限的，完全不能发挥他的特长，他会觉得怀才不遇，亦会对你很努力。

第三招：不要试图控制他。你只能精心地“经营”你和他的感情，把握这份情感，千万不要控制他这个人。“坏”男人最爱自由，无论来自身体还是心灵的自由对他们都至关重要。事实上，女人对这种男人任何形式上的约束或放纵都是无效的，甚至有害。如果你放过风筝就知道，线拽得越紧，风筝飞得越高，就越不容易把握，而不拽线风筝就飞不起来。获得“坏”男人的感情也就是让风筝飞扬的过程，把握良好的分寸和力度，风筝就会在最好的状态下属于你了。

放弃对男人的幻想

年轻的女性往往对男性存在误解和幻想，尤其是很难认识到以下几点。

1. 男人通常没有女人所想象的那样坚强

有的女性认为男性是坚强的，所以就毫不介意地对男性说些令人讨厌的话；有的女性因为男人面带微笑，就越发忘乎所以，纠缠不休地想驳倒对方。不能因为哪个男人有思考能力、坚持原则、埋头苦干、不发牢骚、遇挫折不气馁、泰然自若等，就轻率地断言他是卓越的、坚强的。不论怎样貌似坚强的男人，在内心深处也是胆怯的。所以才有这种劝诫的话：“勇怯的差别是小的，责任感的差别是大的。”这就是说，遇到可怕事情的时候，男人在心理上也是害怕的，之所以没有看到他害怕的样子，不是因为他不害怕，而是因为他有责任感。所以，尽管害怕，但他会自我告诫、自我激励：应该完成的事情必须完成！从而坚持继续工作。这就是说，责任感战胜了恐惧，在责任感的驱使下，他完成了工作。男人对能够理解自己这种实际状态的女性是会敞开心扉的。

2. 男人毕竟不同于自己的父亲

所有的女性都希望自己的未婚夫或丈夫像父亲那样温和地对待自己。可是，很少有男人对自己的女朋友或妻子能像对自己的女儿那么宽厚。男人对女儿很宽容，对妻子却很挑剔。男人之所以如此，是因为期待不同。在女朋友或妻子那里，男人希望得到母亲般的温暖和宽容，所以，男人在女朋友或妻子面前就任性放肆了。

3. 男性经常在心里盼望女性来接近自己

男人在男女关系上是胆怯的。男人对女性的慎重，绝不是人格正派或厌恶女性等。男性对女性是十分关心的，只是由于胆怯，表面上要作出不关心、被动的样子。所以，男性经常在心里盼望女性来接近自己。尽管他自己不积极地试探女性的心情，不主动地接近女性，但如果女性接近他，他一定会相当愉快地接受的。女性接近男性，是极少会受到冷遇的。

有些女性认为，主动接近男性的女性是“下流”的，并认为男性对这种女性的评价很低。其实，并没有这样的事。在想和某个女性约会又说不出口的时候，一旦听到女性问：“一起回家吗?”男性是很高兴顺水推舟的，绝不会认为女性冒失，也不会认为伤害了他的自尊心。男人讨厌的是多嘴多舌的女性，是对谁都讨好的女性。

4. 男性有自己特有的烦恼

男性从小就受到教育，认为不应该拘泥于小事，所以他们在外表上总是作出泰然自若的样子，但他们的内心却未必如此。一旦被别人说了坏话，就总是耿耿于怀，或马上就没了精神，尤其对男人的气质问题更为敏感。一旦被人说：“你那么做也算是个男人吗?”或“你是男人吗?”他马上就沮丧起来。在多数情况下，他们会装出不介意的样子，或用玩笑话来搪塞，可在心里却是不平静的；而一旦有人称赞：“你还真是个男人呐!”即使是年纪很大的男性，心里也是喜滋滋的。

有的女性恐怕伤害了脆弱的男人，因而沉默不语。用这种态度对待男性，男性是成长不起来的。所以，女性应在使男人既不彻底地灰心丧气，又不盛气凌人的程度上，把男性的自恋粉碎；而另一方面，在不巴结的程度上，也要承认男性气质。

男人世界的竞争是异常激烈的，所以，男人想在自己的小王国里彻底地放松一下，想有安安静静的一瞬间。他们不希望自己像一个向母亲坦白一切的小学生，向家里人打开自己的世界。男人有寻求孤独和沉默的倾向，女性一定要理解和谅解这一点。

有效接近男性的方法

1. 间接法：希望和他们认识，自然邀请的方法

你现在正计划着和两三个同样没有男友的女孩一起郊游。

于是，你可以找一个和你们比较谈得来的男孩，告诉他说："这个星期天，我们要去摘橘子，想一起去吗？反正你也没事，顺便再找几个朋友去玩玩吧！野餐我们会处理，其他一切费用自付。"像这种令人放心的良好条件，只要是周日赋闲在家的男性，都会踊跃参加的。

担心费用负担过多，是男性不想请女性郊游的原因之一。

造成"万绿丛中一点红"的机会的秘诀是：

只要是有男性在那儿吞云吐雾地聊天的地方（如果这些男士是你的同事、同班同学，或同一办公大楼相识的人），你尽可以笑嘻嘻地走向他们这群人，因为他们这时绝对不会在谈正经事。

你若是在这个时候加入他们聊天的圈子，他们一定不会请你走开。他们一定会搬一张椅子来，请你坐下，这就是"一点红"的情形。男性在这个时候都会很欢迎女性的加入。所以看到你，他们一定会说："来！过来坐坐吗？"

这种机会促成之后，日后你可能是他们经常邀请的玩伴，或是和他们之中的某一个人约会。

要在那种和异性很熟稔的同性身上下工夫：

有些女孩子不乏异性朋友，她们似乎和蜜糖一样吸引着男性，和男性有缘。

这种女孩子通常都没有固定男友，可是她们喜欢和男性结交，而且经常以大姐姐的身份照顾他们，像这种女孩子，你可千万不要忽视她们的存在。

你最好尽量接近这种女孩子，经常请她吃些东西，她会很高兴的。这是因为，常常和男性交往的女性，花钱通常都很干脆，所以，即使是同性，她也不会喜欢吝啬的女孩，你若是能够经常请她吃些东西，她也一定会视你为同类，因而对你产生好感。所以，只要有机会，你就要尽量设法接近她，经常和她在一起，她一定会带你去参加异性的活动。

利用加班时帮忙的机会加深印象：

若是他要加班，你自己的工作虽然和他没有直接关系，你也要说："反正我也没事，帮帮忙嘛!"这样，你就可以替他倒杯茶，整理附近的纸屑，清理环境，可能的话，你也不妨帮他处理一些事项。当然，你这么做，并非渴望得到他的加班费。

若是他加班得很晚，好不容易工作才告一个段落，你可以找个轻松的话题和他聊聊，让他感觉你的平易近人。这种情形经历几次之后，你们就会相处得很熟了。

所以，与其借着特殊服饰或化妆来获得男性同事的青睐，还不如在工作上多帮助他人来得直接有效。

在工作方面，除了不怠慢自己的业务外，同事间大大小小需要解决的事，你也可以插手帮忙，如此一来，你就会比那些长得漂亮的人更受欢迎。

2. 直接法：投资作战

在处理金钱方面，男性会比女性更动脑筋。在结交女朋友的同时，会考虑到花多少钱的男性占八成，所以，经过一番核计，若是觉得不划算，许多男性就借此打退堂鼓了，因为他的背后可能还有一大堆书要买、房租未交等问题困扰着他。

为了避免男性的不好意思，女性若能主动负担费用，就可以消除交往时的阴影和障碍。

利用购票的方法：

比如说你买了两张电影票，就可以对他说："我这儿有两张电影票，不知道你晚上是否有空?"如果他拒绝你，你尽可以将这两张电影票转卖，减少你的损失，或是先请好对方再买票也不迟。

又比如：你手边正好有两张郊游的招待券，你可以问他是否能够陪伴你前往。若是你手边并没有两张招待券，你也可以先征询他的意见再预约。

借着这种方法，你就可以大大方方地和他去约会、看展览，或是一起去看体育比赛。

利用寄贺卡的方法：

一张简洁的贺年卡、探望卡，无论是寄的人或是收的人，都不会像寄普通信件那般不好意思，而且收的人一定会对寄信人留下好印象，认为“她还不错嘛！还会寄贺年卡给我”。

若是你从旅行的地方寄给他一张旅游明信片，虽然他的家人不会太在意类似的卡片，但是，他一定会将你的心意埋藏在心底。

在未彻底了解他内心想法的时候，就不要写内容过多的信，要慢慢地等他一段时间。

在他生日时，你不妨给他寄一张生日卡，表示你对他的倾慕，借着这种生日卡，也就等于阐明了你的心意。

尽量找一些借口，写一些简单的明信片、贺年卡给他，这样，以后见了面他也会和你打招呼交谈。

利用探病的方法：

假使他染患了流行性感冒，必须休息一个星期，或是盲肠开刀，正在住院，你都要掌握时机去探望他。探病时不妨买束鲜花，告诉他你内心的挂念。

要注意他经常前往的商店：

如果你知道他经常去哪些商店买唱片、买书，就更方便了。你可以先查看他的兴趣和嗜好，然后就装做和他兴趣相仿的样子，经常出入他所进出的商店，那么你的机会就更多了。

单是一次、两次地进出他喜爱的场所是没有太大效果的，你必须持之以恒地去他常去的商店，偶尔你也可以买些东西，表示你是这家店的常客，如此，机会一定会来。

利用自己和他有共同的嗜好的方法：

比如说一些交际舞会、电影欣赏会、钓鱼、登山等活动，你都可以随着他参加。

由于具有共同的爱好，交往时两人的感觉都会比较亲切，你不妨经常

坐在他身边和他交谈。去时或回来时，你都要装成偶然遇见的样子，如此熟了之后，他就会来找你。

利用旅行的方法：

如果他准备和朋友一起去赏雪，你也可以找个朋友去同样的地方。他要是去游泳池游泳，你也可以和他来个不期而遇。

“我们常见面吗?”如果他这样问你，你的机会就来了。

对于他一年到头的行动，你都要了若指掌，虽然实行起来多少会遇到一些困难，但是，只要你请他的朋友帮忙，问题就易如反掌了。

由你直接去邀请的方法：

“你明天有安排吗?”周末的时候，你不妨探询一下他的口气。

“没有，你有事吗?”要是对方如此反问，你就等于已经成功了。于是，你就可以说：“我想去看足球，不知道你的意思如何?”或是“某处举办摄影展，你想不想一起去看?”因为有些男性的星期日是很无聊、寂寞的。

即使对方并不特别喜欢你，但只要不讨厌你，你就还是有希望的。

3. 偶然机会术

“泥溅战术”的例子：

这是外国电影中常见的一幕：一位年轻女郎站在马路旁，正好遇到年轻男士所驾驶的一辆车呼啸而过。瞬间，地上的泥浆溅得她满身都是，她愤愤地朝着车子破口大骂，这位年轻的男士知道后，立即要送她去洗衣店清洗衣物。以后的发展就不必在这里赘述了。

有时候，男主角意外地撞伤了女主角，于是一出美丽的恋爱故事剧就此揭开序幕，最后圆满结束。

所以，碰到这种偶发事件千万不要难为情，要鼓起勇气来面对，你的人生才会充满乐趣。

电话亭的例子：

隔壁电话亭，一位年轻男士要打电话，但缺少零钱，这时你可以掏出零钱，帮他解决问题。若是他表示要还你钱，你千万不要客气地拒绝，因为这是一个好机会。

你要在原地静静地等着他，让他用买香烟、报纸剩下的零钱还你，你要耐心地等着。

在这段等待的时间里，你可以想想和他说什么，争取使双方的关系有进一步的发展。

所以，无论出现什么情况，都要肯动脑筋，即使他还你钱之后就走了，对你而言，也没什么损失。

喝茶的例子：

在食客颇多的茶楼里，若是有一位男士单独坐在双人坐席上，你首先要考虑到，他可能正在等某位友人，或是女朋友。

如果店里刚好只剩下两桌，一个是四人坐的，席上已经坐了一位女性，另外一个双人坐席上已经坐了一位男士，这时你当然要先走到这位男士身旁。“请问你是在等人吗?”如果他点头，你就到此为止。

他要是回答说“不”，你就可以利用这个机会，询问他你是否能在对面的椅子上坐下。

坐下之后，千万不要僵在那里，你最好和他谈谈有关茶楼这方面的轻松话题，比如说：这个地方经常那么拥挤吗?若是对方一副不爱搭理的样子，你和他在一起一定没什么意思，你最好移到其他座位。如果他很高兴地回答你的问题，你就可以趁此机会和他多聊一聊。

换位来讲，要是你现在正单独坐在双人坐席上，刚好有一位男士在寻找位置，你也不妨让他坐在你对面的位置。

自然地创造“偶然”的例子：

在电影的镜头里，我们经常可以看到，一位女性为吸引某位男性，她往往会在走过男性身边时，故意遗漏手帕，让对方说：“喂，小姐，你的手帕掉了!”所以你要懂得利用或是制造一些偶然的机会。

比如说，自己在电话亭打电话时，外面正好站了一位男士，那么出来时，别忘了将你的伞留下，好让他招呼你拿走你故意遗忘的雨伞，创造说话的机会。

如果你喜欢一家店里的男士，可是每回都上他那儿买东西，花费太高了，所以，你要故意托他将你买的东西送往一个错误的地址，当东西被退回之后，他一定会和你联络，这样你们就有说话的机会了。

将爱情推进安全港

山盟海誓总是空，共结连理才是真。

恋爱虽美好，若不能落实成婚姻，就如同空中楼阁，终究只是一场风花雪月的游戏。不要傻到相信什么“不在乎天长地久，只在乎曾经拥有”的鬼话，曾经拥有是无可奈何的结局，两个人真心相爱当然要追求天长地久。

而结婚，是天长地久最具体的方法。一个女人要想和心上人共度白首，坐拥家的城堡，而且能名正言顺地生儿育女，就必须经过“婚姻”这道手续保障不可。

现在就向你传授几个擒拿老公的心战高招。

1. 制造障碍，增进男人的迫切心

诗人歌德说：“要使两个人相爱，只需将他们强行分开就行了。”再看看古今中外多少惊心动魄的爱情故事，你可以得到以下结论：想要让两个男女更加相爱、两情更加紧密相系，最好的方法就是从中作梗，破坏或阻挠他们在一起，让两人“同仇敌忾”，共同携手对抗阻碍，在患难中建立真情。由于相爱的权利得之不易，彼此就会愈加珍惜对方，一旦阻力去除，他怎会不急着将你娶进门，以维护这份拼争而来的战果呢？

这个破坏的力量来自家人，较具说服力。比如，让他知道，你父母或亲友对他不满意；你三舅妈一直希望你嫁给她小叔女儿的同学；你妈老说他看起来太花心了；你老爸反对你这么早交男友，或者你大伯觉得……反对的理由牵强夸张些也无所谓，只是要让他了解到你们爱得这么苦，阻碍这么多，但是你却依旧如此执着而深切地爱着他。

这种“苦恋”会让他更加心疼你，更努力去争取这份感情。待时机成熟后，你再声称已获得家人的谅解了，解除“不满意”的警报，这时，苦尽甘来，他必定会乐昏了头，一头栽进婚姻的“陷阱中”。

唯有经过考验的爱情，才能历久弥深；唯有通过千方百计的争取，婚姻的果实才会显得更甜美、更可贵。

2. 抬高身价，制造“竞标”假象，刺激他抢标

如果他自恃你稳当当是他的人，或者以为你是没人追的冷门货，因而有恃无恐，硬是不提婚事，那么，给他点“危机意识”吧。

通过朋友放话给他：“有人正使劲追你的女朋友，而且扬言要娶到她喔。”他不娶你，还有很多人排队等着呢。

或是有意无意地表现出被追得很烦的样子，编造一些“艳遇”，甚至更狠点，聘一个“情敌”，演出对你穷追猛打、苦苦纠缠的情节。

让他明白你的行情。大部分男人都很爱凑热闹，爱一窝蜂地去抢一个女人，只是想要“赢”，就像古代欧洲的武士会为了赢得美人的芳心，不惜相约械斗来一决高下。所以，制造或凸显几个敌人，挑起他的斗志，待他使出浑身解数来巩固情人的地位后，再让他顺利击溃“假情敌”。

而你，自然就是他的“战利品”喽。

这种“堂吉诃德与风车”的战争，诱婚成效极惊人。

3. 亲密关系多渲染

让所有人认同你俩是一对恋人。

首先，你必须在言语称谓及公共场合的表现上，做些设计。和他的朋友聚会时，直喊他的小名或你们的专用昵称，甚至大言不惭，老公前老公后的，有时还俨然好妻子似的帮他拉拉领带、调整纽扣。

在公众场合，摆出老夫老妻的气势，对他或你的朋友抱怨：“哎，他真像个小孩，每天只知道工作和事业，要是没有我，他都不知道怎么照顾自己了。”一边说还一边无限爱怜地看着他。偶尔打电话去他的公司，叮嘱他的同事提醒他吃药、多加衣服。他要加班，请他的同事代为转达：“我做好宵夜等他啊。”

叫所有人知道你们关系之亲密，让恋情大曝光、关系公开化，造成既定事实，让他骑“虎”难下，退不得也。想一想，他要敢不娶你或另结新欢，可能会招致始乱终弃、薄情寡义的罪名，成为众矢之的，他承受得了吗?

除此之外，另一个好处是你可以借亲密关系公开化来排除异己，阻绝其他女人的觊觎，切断他另觅对象的后路。如此，他只好乖乖地跟你走进婚姻的殿堂了。

4. 借力推波助澜

如果他还不能从善如流，向你求婚，你只好使出本招来对付他这种抵死不从的顽冥分子。

你要装出一副守着阳光、守着他的痴情貌，让他的朋友看不过去，对他施压："人家是个好女孩，早早娶进门吧！"

放出你们快结婚的风声，让他同事逼问他："听说你们好事近了，何时请喝喜酒啊？"讨好他父母、拉拢他的亲人，让他们催他："年纪不小了，还不快成家，让我们早点抱孙子嘛。"

不管他独身意志多坚决，多么宁死不屈于婚姻制度，在众人关爱的眼神及询问中，他的"困兽犹斗"的局面势必支撑不了多久，你不妨安心静待，不久，他一定会"应观众要求"向你求婚。

此式最难之处在于，平时你就要和他周围的人有密切的往来，拉拢人心，达成默契和共识，方能在诱婚时帮你兴风起浪。

大部分男人不到最后关头，绝不会轻言结婚的。既然他不结婚，不求婚，你当然不要傻傻地痴等成"望夫石"。山不转，路可以转，他不求婚，你可以诱婚啊，你要自己创造结婚的可能。

一分钟心理指南

与对方并排坐有助于建立友好关系

在国际外交活动中，参加晚宴者的座位如何编排呢？在正式会议场合中，两国人员各列一排，双方面对面而坐；而在晚宴中，席位的安置为两国人员穿插着并排坐。

这种依照聚会目的不同，座位安排也随之变更的外交形式，是从长远的历史中演变而来的，同时也有其心理根据。人类在协力合作时，有喜欢并排而坐的倾向；而互相产生竞争心理时，又往往是相向而坐。反过来说，两人并排而坐时，容易产生彼此间的紧密关系。外交活动中，开会讨论时相向对坐，晚宴时相邻而坐等形式，就是巧妙地运用了人类合作与竞争的心理变化。

不仅是正式集会，日常生活里我们也常在无意中运用这种心理技巧。例如公司面试和刑事审问时，只求引出对方的真心话，不必考虑到双方关系友好与否，因此采取面对面的形式。又如，在咖啡厅里，男女双方交情还不够深厚时，多半是相向而坐；而交往较深者则是毗邻紧靠而坐。

相信大家都明白了上述的道理。如果能与他人相邻而坐，较容易与对方建立友好关系，因为并排而坐时，不必担心对方正面投来的眼光，视线较为自然。双方坐得近，心中也易涌现亲近感。

由此可知，相亲时男女双方对桌而坐，实在不是理想的形式。不如使其毗邻而坐，或是稍微侧坐，以可看到对方相貌为佳。如此一来，双方既可减少紧张与尴尬，又容易形成亲密气氛。

与男人交往中的雷区

1. 惹男人烦的行为

“什么样的行为最惹男人烦”？下面是问卷答案所显示出来的八种最惹男人烦的行为：

（1）常常向男人诉苦。例如，个人的健康问题、经济问题、工作情况等等，而对男人的问题却从来都不感兴趣，不给予关注。事实上，在交谈中，有一个基本原则，就是要谈双方都感兴趣的事情。男人也有一本难念的经，他不会把听你的诉苦当成乐趣。

（2）常常唠叨，只说一些琐事，或者经常重复一些肤浅的笑话以及一无是处的见解。墨子曾经教诲弟子不能说话太多，不然的话，就如同池塘里的青蛙一样，成天瞎叫，却从来不为别人注意。

（3）言语非常单调，喜怒不形于色，对什么事情都冷淡，没有情绪上的反应。

（4）态度非常严肃，没有情趣，不解温柔，一副很正经的模样。有些女人认为："宁愿叫你的嘴闭着而被人认为是一个傻瓜，也不能开口叫别人看出你的底细来。"这简直太自欺欺人了，事实上，真诚尽管能表现你的本色，可还是比掩饰、伪装要高明许多。

（5）缺乏投入感，在社交场合中，傲然独立，不仅不参与男人的活动，而且也不主动和男人沟通。

（6）反应过激，语气粗俗，一嘴的俚语粗言。

（7）过分以自我为中心，不停地向男人诉说自己的生活琐事，从来都不理会男人的感受与反应。

（8）过度迎合男人，以赢得男人对自己的好感。

2. 不能占用男人的时间

有些女人往往喜欢在约会的时候迟到，并且她常常有许多理由来替自己解释："真对不起！我太忙了。"

这种解释一点都不合理，既然忙就不要跟男人约会，即使是临时有事情也应该事先联络一下。

以忙为理由是不合理的。你忙也不是男人的责任，更不是男人要求你要这样忙，而你仅仅站在自己的立场上说话，只想到你的方便与否，却没有为他人着想。像这种任意妄为、不顾他人的做法，相当于让他人在无形之间蒙受了损失，这就是侵占了他人的时间。

现代社会实际上也是契约社会，而约定同样是一种契约。你如果不能遵守这种契约的精神，怎么和男人交往呢？

不能信守约定是与男人约会的一大忌讳。不管你多么有才能，如果总是若无其事地约会迟到，时间一长对方就会认为你是一个言而无信的人，你说的话都做不到，其他的事就更不敢想象了。在这个分秒必争的社会，时间就相当于金钱。侵占了男人的时间就相当于谋杀的行为。因此，在和男人交往的时候，一定不要侵占他的时间，以表示你对男性的尊重。

热恋中须避免常犯的八种错误

你刚邂逅了一个男孩子，你简直对他着了迷，你在所有朋友面前谈论他，他——可能就是你的白马王子。

但这段感情仍然太幼嫩，基础仍未稳固，任何转变都可能出现。要知道，这几次的初会其实可以巩固或粉碎你俩之间的感情。

以下是女性在恋爱时常常会犯的错误：

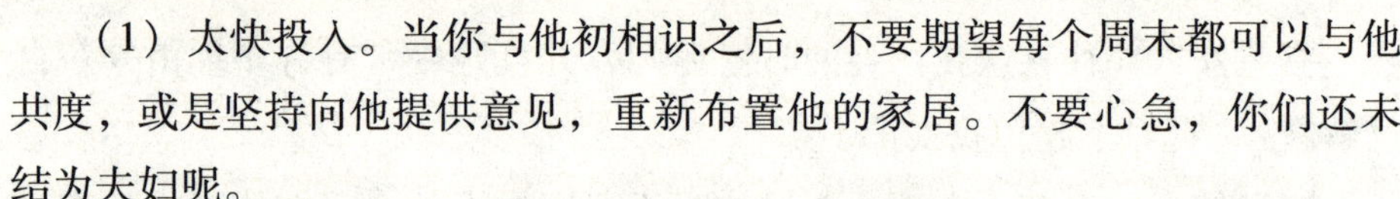

（1）太快投入。当你与他初相识之后，不要期望每个周末都可以与他共度，或是坚持向他提供意见，重新布置他的家居。不要心急，你们还未结为夫妇呢。

（2）太早认定对方。与男朋友分手的最快捷方法，就是告诉他你爱他，你要为他生孩子。他的反应多半是逃得无影无踪。你应该让感情自然地发展才对。

（3）自欺欺人。你是否确知他的每一项表现背后的动机？他对你的态度是否很平淡？他是否同时与别的女孩子约会？你们是否每星期只联络一次，而你则认定他是托付终身的对象？

（4）打扮过分夸张。夸张的衣服应该在夸张的场合穿着，例如迪斯科舞厅，但不要穿着金光闪闪的迷你裙去玩滚轴溜冰。

衣着可以成为评价人的标准。你应该表现的是自信，大方得体，吸引力并不代表过分卖弄的性感。

很多女性为了表现自己最好的一面，往往会涂上过多的化妆品，但男性会认为天然的吸引力比人工加工的脸理想得多。少许化妆品已足以突出你的魅力。

（5）说话太少或太多。你可能会感到害羞或心情紧张，但他的感受也和你差不多。偶尔主动一些，不要让他一人自问自答。一些无关痛痒的问题，例如：“你觉得这份汤如何？”或“你的日常工作包括些什么？”有助于打破僵局，使你们相处的气氛更融洽，而且更可以证明你对他感兴趣。

但是，不要以为你们一定要不断地谈话。沉默是金。即使你们都很渴望能互相了解，也用不着在最初几次约会里就将一生的经历如数家珍般道出。沉默往往是女性的魅力之一。

(6) 故弄玄虚。做一个坦诚的人，才有机会建立一种诚恳真挚的感情。如果你真的渴望对方约会你，就不要故作冷淡。男性对于矫揉造作的女性会失去耐性。你并不是在演电视剧，而是生活在现实生活里。

(7) 过于专横。如果他问你喜欢在哪里吃饭，就要坦诚地告诉他，但不可企图控制整个约会的程序。征求他的意见，选择一些大家都同意和喜欢的事情去做。

(8) 太注意他的钱。如果你点了一份龙虾晚餐，并且告诉他你最喜欢的礼物是钻石的话，就尽情地吃这一顿吧，你将不会再次见到他。

不管一个男人多么富有，也不会喜欢别人告诉他如何花费，或是将钱花在谁的身上。

当你点菜的时候，要表现出自己有付账的打算。你应该准备好支付自己的那一份，或做东道主。男人喜欢有见地的女人，而不是那些一心找寻长期饭票的黄脸婆。

掌握年轻男人的恋爱心理

年轻男人在恋爱的时候，往往具有强烈的情绪特点。心理学家霍尔曾经形象地把年轻男人的情绪比喻成“疾风、暴雨、怒涛”。细细分析一下，年轻男人的恋爱心理具有以下特点。

1. 强烈性

这是男人不同于女人的特点。男人的情感往往是外露的，它如同两端开口的皮管，进去多少，出来多少，没有情绪的积累。男人有了委屈与痛苦，往往随时发泄，不像女人那样发展成悲痛欲绝的地步。男人看到倾慕的女人，会迅速达到一见如故的猛烈程度。

2. 丰富性

男人的感情在恋爱阶段表现得非常丰富，同情、怜悯、惆怅、内疚等全都体验得十分明确，会积郁于心里，但情绪的表现却往往断断续续，带有表演性，因此又有内向与外向共存的特点。这和男人的情绪的强烈性有关系。

情绪不善于控制就会看起来外向，而感情细腻、情感积郁在心里便又看起来内向。可见，男人不但感情丰富，而且感情的表现同样是丰富的。

3. 波动性

男人和女人在情绪上的另一个差别是波动性。这种不稳定性表现在：男人容易从一个极端发展到另一个极端，当事物的发展合乎心意的时候，就兴高采烈甚至得意忘形，而当挫折出乎预料地出现的时候，就会惊慌失措或者灰心丧气。

假如法制观念不强，当消极情绪膨胀到了一定程度的时候，往往会铸成大错。

4. 盲目性

男人在谈恋爱的时候，具有盲目性。他们往往不考虑双方的感情是不是投机，女方的德才如何，等等。男人会随随便便地谈恋爱，连他都不知道究竟看中了女方什么。有时候，别的男人找了张小姐，他就会去找李小姐，生怕将来自己连李小姐都找不到了，被别人说他无能。

5. 浅薄性

男人往往不像女人那样对感情体验深刻，有许多男人把恋爱当成游戏，想谈就谈，想散就散，见异思迁。

一个男人能够同时和几个女人谈恋爱，对任何注意他的女人都有好感，都非常爱慕。

男人的恋爱缺乏专一性与排他性，“热”得迅速，“冷”得也很快，“离”与“合”中很少有“悲”与“欢”。因为他们的恋爱缺乏感情的基础，因此很难向深度发展。

有很多女大学生不愿和同龄的男人谈恋爱，原因就在于同龄的男人处在青年阶段，盲目性、浅薄性、波动性都很大，所以很难和女人合拍。

一分钟心理指南

在陌生的环境中见面可加深感情

有一天，某人陪着他的同事到某餐厅去相亲。吃饭时，男女双方太过拘谨，谈话常常中断。他心想，这次相亲大概是不会成功了。饭后，为了让他们单独相处，他建议他们到附近的公园走一走。

与他们二人告别后不久，天空突然乌云密布，接着便轰隆隆地下起倾盆大雨。

他心中不禁嘀咕着，这次相亲连天公都不作美。

但是，出乎人的意料，这场雨倒是帮了大忙。当时，两人慌慌张张找寻避雨的地方，彼此间的疏远与冷淡便在狼狈的躲雨中消失殆尽，两人率直地聊起天来。现在两人已建立幸福的家庭，那一天的倾盆大雨，反而成了他们的大媒人。由于那场及时雨，使得两人共同拥有特别的体验，彼此的关系当然变得非比寻常，心理上的距离也随之快速地缩短。

大家是否希望在与人会面时也来一场“及时雨”呢？建议你不妨自己制造类似“及时雨”的气氛，初见面时，与对方约在两人都没有去过的地方，让彼此拥有特别的共同体验，这将有助于缩短两人的距离。

四大血型男人心中的爱人形象

1. 对A型男性要体贴入微

A型男子给人以井然有序的感觉，但实际上生活自持能力差。所以，恋爱中你不妨在小事上有意帮助他，让他感到你的真诚而有相见恨晚的感觉。认识较深之后，A型男子才慢慢敞开心扉，这是他们的一大特色。你应当记住这一点，耐心地追求他。他喜欢天真开朗的姑娘，你应当注意才是。

2. B 型男性不喜欢受到束缚

B 型男性喜爱红、黑等原色，给人不易亲近的感觉。话题多变，东南西北全涉及。好辩论。要他成为你的伴侣，就要投其所好，让他知道你也有广泛的兴趣，在轻松愉快的谈话和娱乐中成为他的心上人。

B 型男性难以忍受被限制，所以，你应该多花点心思对他周围的人和事物进行协调，同时努力完善自己，使自己更具魅力。要注意，B 型男性有“弃旧迎新”的坏毛病。

3. O 型男性不喜欢没有个性的女孩

O 型男性喜恶分明，头脑不灵活的姑娘不在追求之列。所以，应清楚自己是否是他讨厌的对象，如果不是，应直率地去吸引他，直截了当地追求他。同时，要积极地表示对方在自己心目中所占的分量。最令 O 型男性扫兴的是一旦接近就脾气秉性全没了的姑娘，太缺乏刺激。

不过 O 型男人也不喜欢女性太自我主义。有的女性一旦爱上意中人就不顾一切，甚至连性命都不顾，这种过于痴情和专注，往往给对方造成强人所难的压力。这种不顾对方的自我主义应当注意克服。女性可以用女性的温柔吸引 O 型男性。

O 型男人喜欢扮演说教者的角色，讨厌别人对自己指点命令。所以，接近他的方法是把自己打扮成最忠实的听众，并不时夸赞他几句。O 型男人的占有欲强，喜欢温柔的女生，这时，即使和他吵架也无妨。还有一个秘诀，就是 O 型男人喜欢别人拜托他，你可以投其所好，成为他的知心人。

4. 对 AB 型男性要诚心相待

AB 型男人相当重视外表美，对于形象与心中所期望者相差太大的，绝对不在考虑之列。AB 型男性讲诚心诚意，因此表明自己的可靠是很重要的。

AB 型男性在恋爱中缺乏激情，比较保守，因此与其强迫性地追求，不如制造一点游戏气氛更有效果。率直的爱情表现和若即若离的态度，是与 AB 型男性交往的秘诀。

AB 型男性最讨厌诺言，待人处事非常公正，而且很注意同周围保持协调，特别讨厌受到破格优待。这种人公私分明，厌恶伪善。因此，对 AB 型男性一定要直爽地表达爱情。

对你的爱人有哪些要求

【测试目标】

有一个条件非常吸引你的工作机会正等着你，这个令你心动、作出调动决定的工作条件是什么呢？

【测试条件】

A. 容易结识男/女朋友

B. 能够拓展人际关系

C. 工作轻松

D. 可以发挥所长

E. 高薪

F. 工作内容有趣

【测试结果】

A. 你很乐观，而且是一个非常随缘、跟着感觉走的人。对你来说，爱是没有条件的，婚姻更不应该用条件来取决，缘分才重要。你认为，即使一个人条件很好，如果彼此没有缘分或感觉不对，就不具有任何意义。这样的你，对将来的结婚对象没有什么特别的条件与要求，只要有缘，谁都好。

B. 你非常重视外在环境。因为你在意别人对你的评价，所以身份、地位对你来说很重要。这样的你一定很爱漂亮，时时注意自己的言行举止、穿着打扮，不让自己有失礼、出丑的机会。你的另一半当然是要长得好看、身材比例要好、上得了台面、能与你匹配的人喽。

C. 你是一个自由惯了的人，不喜欢束缚，当然也就绝不会作出让自己有负担的事。如果结婚不会让你的生活及人生更美好，你宁可选择单身。所以，要成为你的结婚对象的人，一定不是长子或独子，因为你希望让自己沉浸在幸福的两人世界中。

D. 你是一个很保守的人。你认为要有好的生活、好的人生，就一定要有相当的学识。只有靠它，你的未来才会安定。你需要的就是安全感。能够给你将来的家庭带来安定的生活的人，才是你理想中的结婚对象。因此，你觉得嫁给一个高学历的人至少是安全的，即使不会大富大贵，也能安心地过日子。

E. 或许你认为薪水是对自己能力的肯定，也或许你其实是一个拜金主义者，金钱于你确实很重要，因为它会让你有安全感。这样的你，当然希望你的结婚对象是一个多金或是拥有高收入工作的人。对你来说，钱很有用，可以为你带来很多很多的东西，绝对是万能的。

F. 你是一个很注重气氛的人，如果和他人在一起让你不开心，你绝对不会委屈自己去配合参加各项聚会的。所谓"话不投机半句多"，与脾气不合的人相交、相处，对你来说是一件非常痛苦的事。选 F 的你理想中的另一半，是一个和你气味相投的人。

【测试评说】

令人不能自拔的，除了牙齿还有爱情。

夫妻俩过日子要像一双筷子：一是谁也离不开谁；二是什么酸甜苦辣都能在一起尝。这种筷子只能是经久耐磨的象牙筷，而不是一次性方便筷。

爱情就像一盆洗澡水，时间久了水会变凉，即使你不在乎水温，泡久了，皮肤会变皱。

女人会为每一个男人留着一扇机会的大门，但不会给每一个男人一把机会大门的钥匙。

一刹那的真情，不能说那是假的，爱情永恒，不能说只有那一刹。

如果你爱一个人，先要使自己现在或将来百分之百地值得他爱，至于他爱不爱你，那是他的事，你可以如此希望，但不必勉强去追求。

一个萝卜一个坑，说的是婚姻情况。事实上对爱情来说，是不成立的。优秀的人，不管男女，都会是一个萝卜好几个坑，所以这个世界上才会天天上演着悲欢离合的故事。

社交篇

第七章 破译人心的肢体密码

在工作场所或社交场合，人们总是把自己的内心包裹得严严实实，要想认识他的性格，并不简单。但是人至少有一件东西是难以包裹的，这就是他的体型。人的体型无法受意识控制，然而却能反映内心。

从体型看性格

人们在工作或社交场合总是把自己的内心包裹得严严实实，要想认识他的性格，并不简单。但是人至少有一件东西是难以包裹的，这就是他的体型。人的体型无法受意识控制，然而却能反映内心。因此，我们可以通过体型识人，大致判断别人的性格。

德国精神病学和心理学家克雷齐默尔在 1921 年发表了《身体结构和性格》，最先将体型与性格联系起来，并进行归类和系统研究。

下面介绍六种不同的体型及其相关的性格分析。

1. 肥胖型

这种体型的人的特征就是在胸部、腹部、臀部上厚积了一大堆肥肉。一旦腹部等处凝聚了大量的脂肪，俗称“中年肥胖”便出现了。这类人能很快适应周围变化的情绪，多属于好动的人，乐于被奉承和偷懒，有时在工作中要点小聪明，其中许多人仍容易被周围的人原谅，是受欢迎的人。

他们的性格特征是活泼开朗，喜好社交，行动积极，善良而单纯，经常保持幽默或充满活力，也有稳重、祥和、温文尔雅的一面，常突然改变为喧哗或文静的态度，属躁郁质类型。他们中有许多人是成功的政治家、实业家，他们的理解力和同时处理许多事务的能力强，但考虑欠缺一贯性，常失言，过于轻率，自我评价过高，喜欢干涉对方言行，好管闲事。

2. 略瘦削的健壮型

这类人争强好胜，无论什么事都愿接受挑战。常用“我认为，我认为……”的口气说话，他们拥有坚定的信念，充满自信心，坚持不懈，百折不挠，判断及裁决迅速果断，坚信“天生我材必有用”，工作中是值得信赖的好伙伴，商业交往中是好顾客。

但这种强烈个性有时向坏的方向发展，表现为硬干到底、专制、高压、不信任他人、态度粗暴，在工作岗位上，如果有人无法默默地顺从他的意志时，他就会立即与该人断绝往来。

如果有人不幸和此类人结下怨仇，那么，由于这类人欠缺思考的柔韧性，一旦在脑海中存在某种思想后，要想改变他的想法就很困难。

这类人缺乏人格魅力。即使才能出众，或拥有权力，即使有人顺从迎合他，但都与他保持一段距离，在家庭中也易孤立。

与这类人接触、交往时，不可以与他对立。因为这类人有攻击性，在自己的正确性被认同之前，必会急切地主张自我的正当性，这类人被认为属于偏执质类型。

3. 苗条而有心事型

苗条是针对瘦弱型人的一个常用词，瘦弱型人中许多人都隐藏着心事，给人无法接近、无从交往的感觉。

瘦弱女性大都个性刚强，生起气来男人都招架不住。

这类人的最大特色是冷静沉着，但其性格相当复杂，存在互相矛盾的地方，属于分裂质类型。对幻想中的事物兴趣大，不愿让人了解自己的内心或私生活，以冷漠面纱包裹自己。

此类人不愿与平常人相交为友，因而表现出一种令他人意欲与他们接近的贵族气质，他们身上常散发着一股罗曼蒂克的情调。

他们专心致志于鸡毛蒜皮的无聊小事，倔强而不肯通融，骄傲而外表冷漠，当无法下决心时，凭冲动裁决事物。天生对文学、美术、手工艺感兴趣，对流行服饰感觉敏锐。对他人的一些小事非常热心，表现出优雅的社交风度。

他们心地善良，小心细致，生活严谨慎重，又有点迟钝，意志薄弱，是很难交往的人。

4. 强健型

这类人的特征是黏液质类型人的特征，其第一特征是肌肉发达，筋骨强健，体态匀称，肩幅宽阔，头部肥胖，言行循规蹈矩，一丝不苟，诚实正直，不少人是举重、摔跤选手或公司领导。他们的抽屉内井然有序，写字一笔一画。

这类人的第二个特征是以秩序为重，讲求规律，每天生活充实，一旦着手某种工作，必坚持到最后完成。

这类人的第三个特征是速度迟缓，说话绕大圈子，唠叨不停，写文章过于冗长，谨慎而周到，洋洋洒洒一大篇。

这类人是足以被人信赖但又欠缺趣味性的强硬派人物，易被妻子提出离婚要求。

这类人有顽固执着的一面，也有拘泥于形式思考的习惯。

如果你想控制这种类型的人，不妨偶尔利用闲谈或请客来试试他们。

5. 娃娃脸半成熟型

这类人怎么也看不出年纪大小，脸长得像个娃娃，即未成熟型的人，他们以自我为中心，个性很强，又称为显示性性格。

如果话题不是以他们为中心，他们就会不愉快，他们完全不听他人的话，属任性类型。

他们对每一门类都不精通，但拥有广泛的知识，谈吐风趣，擅长搞笑。谈话常用“我……”方式开口，没完没了。他们属于天真而无心机的人，但他们自己并不知道自己没有成人的个性和思想，所以是个悲剧。如果自己被奉承，就很好；如果被冷遇，就会嫉妒，这时要小心他们处于歇斯底里的状态。

如果这类人是女性，你只能担任她的听众。在商场上要注意这类人，她们轻薄任性，没有主见，受他人意见左右，如果对她过于信赖而受损失，可就追悔莫及了。

6. 瘦弱细线条型

这类人强烈的敏感性使他对自己周围的变化非常敏锐，常会过于留意周围人的动静。这类人中绝无脑筋差的人，其中知识分子较多。这类人勇于自我承担一切责任，当他们犯错时常会说“都是我不好……”

这类人心理不稳定，失衡，心情焦虑，本人却能经常发现自己的这种缺点。

他们文静、真诚而又顺从的神经质的性格，给他人的印象是没有自主性、迟钝、性情易变、不易相交。

应该说，体型说在经典心理学上增添了引人注目的一笔。但是，单纯地以个体的身体结构作为人格分类和个性心理特征立说的基础，有很多弊病和错误。其中，最主要的有两点：一是体型的胖瘦可能随环境、年龄而变化。比如穷人家的孩子一旦条件改善就会胖起来，瘦长型青少年到中年时可能变胖，肥胖者也可能因疾病困扰而变瘦。个性的变化与胖瘦的变化有无相关，尚不可测，因此，不能单一地以某一时期的体型去预测其个性特质。二是虽然某一体型与某些人的个性有很高的相关系数，但这只显示两者之间有关系，而不能确定其因果关系。是体型决定个性还是个性决定体型？体型论者认为是体型决定了个性，这实在有进一步研究的必要。

不过，将不具形体的个性心理，用体型的“尺子”来测量，的确是一种化繁为简的做法。从大量事实看，某种体型的人也确实容易形成某种个性品质和特征，借此对人的心理进行粗略观察和初步判断，只要不过于机械，也还是有一定效果的。

一分钟心理指南

以貌取人心理

我们对他人的印象如何，在一定程度上容易受到对方容貌美丑的影响。

一个实验证明了人的这种心理特征。心理学家让一些被试者阅读附有作者照片的文章。作者有的漂亮，有的不漂亮，文章有的水平高，有的水平低，而作者的漂亮程度并不与文章质量的高低相对应。可是结果发现，这些被试者对漂亮作者的文章评价往往比较高，而对不漂亮作者的文章评价则比较低。这说明人们对容貌美的人更容易产生好感。

但是从长期来看，容貌的吸引力则容易让位于内在的吸引力。比如在一个研究中，实验者让一群人每天聚会一小时，连续四天。第一天，研究人员通过调查发现，被试者对他人的评判有32%来自外貌，20%来自对内在的了解。第二天情况就变了，评判中的23%来自对外表的印象，而有33%来自对内在的印象。第三天，前后两者的比率分别是26%和34%。而第四天，这两者的比率是23%和48%。这说明，随着交往的加深，人们对他人的印象受到外貌的影响会越来越小，而受到内在特点的影响则会越来越大。

观察吃相知本性

我们可以通过观察别人的吃相予以识人，因为其吃东西时的行为习惯反映出他们的一些心理特征。

1. 将食物分割成若干小块逐一食用者

这种人小心而谨慎，做任何事情都很细致，有时难免流于保守和顽固。

2. 快速进食的人

这种人是精力充沛的工作狂，下决心时速度很快。

3. 慢速进食者

他们会花时间反反复复思考某一个问题，直到认为没有问题时，才会作出决定。此外，他们也较挑食。

4. 浅尝即止型

这种类型的人食量小，大部分个性保守，行为谨慎，墨守成规，稳重有余而闯劲不足，一般是守业者而不是创业者。

5. 风卷残云型

此种类型的人进食速度快，有点狼吞虎咽，大部分个性豪放，精力旺盛，具有过人的狂热，办事果断，待人真诚，并具有强烈的竞争心和进取精神。

6. 细嚼慢咽型

这类人进食速度极慢，细细咀嚼品尝，他们办事周密、严谨，无把握的事不干，爱挑剔，对人有时近于冷酷。

7. 暴饮暴食型

这类人进食不加节制，爱吃的食品一饱方休，大部分人性格直爽，能团结人，喜怒溢于言表，从不掩饰。

8. 孤芳自食型

这类人总爱单独进食，不愿与人分享，他们大多性格冷僻，孤芳自赏，但坚毅沉稳，责任心强，言行一致，信守诺言，一般说来他们的工作业绩往往能令人满意。

9. 来者不拒型

这类人对食物从不选择，他们个性随和，不拘小节，生命力旺盛，多才多艺，可以同时应付多种工作而游刃有余。

10. 讲究整洁的人

他们不但注重食具的清洁，进食时有一粒面包屑掉在餐台上，亦要捡起来，并会将用过的碟叠起来，以方便侍者收去。这种人通常赞赏别人所作的努力，若遇上爱好整洁的人，很容易成为好友。

11. 饮汤及咀嚼食物时发出声音的人

其饮食习惯不但令旁人产生厌恶的感觉，还显示他们有根深蒂固的孤僻倾向。所以，他们对坐在旁边的人视而不见，也不会考虑旁人的感受。

12. 盲目调味的人

食物一端上餐台，这类人在完全未试过味的情况下，便乱加调味品。这样做不但是对厨师的侮辱，还显出这种人爱冒险的性格，做事可能会比较草率。

13. 一面进食一面唠叨不停的人

他们急于跟人交谈，以至来不及将食物吞下肚。这类人在处事时往往比较性急及咄咄逼人。

14. 进餐时一声不响的人

他们可能是个美食家，一心一意放在食物上，也可能是害羞或孤僻，并利用进餐时间避开和其他人应酬。

15. 匆匆进餐后立即离桌的人

通常以自我为中心，对别人为准备食物所花的时间和心思视若无睹。

从打招呼透视心理

对人最初的了解来自打招呼或问候，从人们打招呼时的表现可透视其

心理。

（1）一面注视对方，一面行礼的人，对对方怀有警戒之心，同时也怀有占尽优势的欲望。

（2）凡是不敢抬头仰视对方的人，大部分都是内心怀有自卑感的。

（3）在行礼的时候，在意识上保持距离的人，对对方怀有警戒心，并有相当的顾虑。

（4）初次见面就碰触对方的肩膀打招呼，这无异于将现场的气氛导向有利于自己的一面。

（5）使劲与对方握手的人，具有主动的性格和信心。

（6）握手的时候，无力地握住对方的手，表示他有气无力，是性格脆弱的人。

（7）在舞会或公共场合，频频与生人握手打招呼者，即表示他的自我表现欲非常旺盛。

（8）握手的时候，手掌心冒汗的人，大多数是由于情绪激动，内心失去平衡。

（9）握手的时候，如果目不转睛地注视着对方，其目的是要使对方在心理上屈居下风。

（10）虽然不是初次见面，但始终都用老套的话向人打招呼或问候，这种人具有自我防卫的心理。

一分钟心理指南

首因效应

“第一印象”的微妙作用，在心理学上称为首因效应。

首因效应是交际心理中的重要名词。它指的是人与人第一次交往中给人留下的印象，在对方的头脑中形成并占据着主导地位，这种效应即为首因效应。诸多实验证明，第一印象在人们心目中难以改变。因此，在与人交往的过程中，尤其是在与别人的初次交往中，一定要注意给别人留下美好的印象。要做到这一点，除了注重仪表风度外，更要注意言谈举止，言辞幽默，不卑不亢，举止优雅。

如果第一印象不好，往往会在对方心中形成“刻板印象”。“刻板印象”导致偏见。刻板印象一旦形成，对人的判断十有八九要出偏差。所以，与对方交际的时候，一定要注意善用首因效应，让自己取得主动，而不是形成难以改变的不良的“刻板印象”。

当然，“首因效应”在社交活动中只是一种暂时的行为，更深层次的交往还需要个人的硬件完备。这就需要提高自身在谈吐、举止、修养、礼节等各方面的素质，不然则会导致另外一种效应的负面影响，那就是近因效应。

七种典型的步态

通过人们的步态可以透视其个性和心理，以下是七种典型的步态。

1. **步伐急促**

步伐急促指不管有事还是无事，不管去办事的地点远还是近，即使他有的是时间，走路时仍旧总是急急匆匆，两脚掌频翻。这样的人大多善于行动，精力充沛，精明能干。如果让这种人去完成紧急任务，他一定会抓紧时间，积极行动。

2. **步伐平缓**

走路不急不慌的人，凡事求稳，喜欢“三思而后行”，有务实精神，一般重信义、守承诺，工作讲求实效，说到做到。

3. **走路身体前倾**

走路习惯于身体向前倾斜，而不是挺胸直腰的人，一般性格比较温和内向，为人谦虚，不肆意张扬，注重自律，有修养。

4. **大踏步走路**

走路迈大步的人性格急躁，雷厉风行，为人豪爽、豁达而不拘小节，看不上拖泥带水、办事含含糊糊的人。

这种人办事有时欠考虑，想到什么就要马上去行动，并且有些固执，不太宽容。

5. 走路昂首挺胸

走路时头抬得很高，胸挺得很直的人，往往以自我为中心，淡于人际交往，不轻易求助于人，自我感觉太好，总想显示自己的魄力和力量。这样的人事业上不一定成功，也不十分适合做销售公关工作，因为他们往往忽略别人的心理或情绪反应，从而不善于沟通与融通。

6. 走路踱方步

迈着这种步态的人非常稳重，喜欢保持头脑冷静，自制力强，常常不露声色。这种人还非常注重别人对自己的评价，他们为了保持尊严，赢得尊重才去做事情，因此，这种人适合做官员，主持行政工作，有地位、有身份是他们全心追求的目标。

7. 小碎步走路

这样的人行为比较乖戾，内心世界很隐秘、保守，不开放，并且时有偏激行为，说话常愤世嫉俗，对很多事看不惯。他们交朋友、处同事都很挑剔，轻易不与人深交；喜欢自己独立做事情，受不得指使和命令，因此适合做小商人，或是从事自由度大的自由职业。

一分钟心理指南

身体语言定律

在日常生活中，我们和人交流思想、表达感情的工具，除了语言之外，还有身体的姿势、动作、面部的表情、眼神的变化等。后者叫做“身体语言”。

心理学家发现，人类的沟通更多的不是依靠语言，而是通过身体语言进行的。确切地说，有65%以上的人际交流是通过身体语言完成的。

第八章 察人喜好，知人性格

兴趣爱好可以将某个人的情况全部都告诉你，包括他的优点、缺点、性格、脾气，他的生命观、恋爱观、事业观，他的品位和修养，当然，前提是识人者必须善于观察。

通过对水果的喜好看性格

一般而言，喜欢水果的人是憧憬母性爱的善良性格的人，不过，从“硬要从水果中选择最喜欢的水果”这一点，却可判定该人的个性或性格。

1. 葡萄

属于郁郁寡欢，容易躲在自己的象牙塔内的类型。具有美的意识或强烈的诗情幻想力，极富个性。虽然第一印象给人冷淡的感觉，但是在交往之后会渐渐地发现其内心的善良。

2. 菠萝

热情、专注、执著，具远大梦想。喜好刺激或变化，属凡事一头栽入其中埋头苦干的人。最讨厌固定模式的生活。

3. 香蕉

有时会有任性的举动而令旁人伤透脑筋，不过，富有灵活、简捷的行动力，具备和任何人都能成为好友的社交性、开放性。若为女性，则属于稍带阳刚气的类型。

4. 葡萄柚

对健康或美貌的关注极强，是理想远大的浪漫主义者。讨厌“平凡”，是对任何事都极其关心的求知欲强烈的人。

5. 哈密瓜

外表典雅与内敛，然而胸怀大志或理想，是属于积极前进的类型。讨厌对他人言听计从，会明显地表现出贯彻自我理想与信念的态度。

6. 苹果

将事物处理得有条不紊的认真型，谦恭有礼、不紧不慢的“恰到好处”的类型。

7. 梨

这也是能控制自我欲求的认真型。处事慎重，以诚信、坚定为生活目标，具有控制自己、凸显他人的一面。从负面解释，可以说是过于消极的类型。

8. 橘子

个性温和，与任何人都能步调一致的令人安心的人。非常重视家庭生活，喜欢与众人谈话，与志趣相同的人共餐。

9. 樱桃

优雅、美的意识敏锐，对于流行时尚会发挥个人品位的类型。不过，理想虽高却内向而缺乏行动力，不擅长在众人前提升自己的形象。

10. 柿子

略带保守、生活朴素的类型。在金钱方面绝不浪费，因此也具有成为巨富的素质。

11. 木瓜

极有个性的类型。对某种新鲜的、刺激的或奇特的行为充满期待，讨厌受束缚。极具幽默感，擅长与人相处，不过，冷热变化极快，稍欠执著的耐力。

通过对食物的喜好看性格

爱吃雪糕者，大多是富于罗曼蒂克情趣的人，他们喜欢生活中有刺激性的事物，但当他们的计划受挫时，情绪会出现大波动。

爱吃果蔬、柳橙等水果的人，大多能自我控制，他们了解在生活中需要什么，有创造性，并有大发明家的潜能。

爱吃烤馅饼者，喜欢体力活动，特别喜欢以球队形式比赛的运动。他们喜欢周围有人观看，常是社交生活的佼佼者。

爱吃卷形咸饼者，能干而有上进心，喜欢把事情迅速做完，在追求自己的目标时能克服任何障碍。

爱吃甜饼干和蛋糕者，多是有社交能力的人，他们爱听别人讲话，善于与他人沟通。乐于给人家东西，也接受人家的东西。

爱吃巧克力的人在处理问题时，富于逻辑性、组织性和系统性，他们对新事物、新思想的出现常常持谨慎的态度。

喜欢吃蒸制食品的人，性格比较内向，不轻易激动，心里常常犹豫、动摇，但很少流露出来。

喜欢吃冷食的人，个性比较坚强，且不愿表现自己，不太好接近，对大自然有浓郁的兴趣。

喜欢吃清淡食物的人，不大注重社交和人际关系，不大善于接近别人，愿单独行事，性格和处事往往是沉静低调的。

喜欢吃甜食的人，热情开朗，平易近人，但往往有些软弱、胆小。

喜欢吃辣食的人，善于思考，遇事有主见，吃软不吃硬，爱挑别人的毛病。

喜欢吃煮炖食品的人，性情温柔，和谁都谈得来，常富于幻想，但对于幻想的事物是否能实现，则一点也不计较。

喜欢吃烤制食品的人，上进心较强，比较专心致志，性情急躁，爱出主意，但又缺乏当机立断的勇气。

喜欢吃酱菜的人，比较稳重，善于埋头苦干，一般做事有计划，相对说来，不太看重人与人之间的感情。这种人没有架子，容易接近，有钻研精神，能吃苦，不易因受挫折而消沉。

喜欢吃油炸食品的人，富于冒险心理，容易触景生情，心中经常有作出一番事业的愿望，但稍受挫折就灰心丧气，有时好发脾气。

喜欢吃大量肉食的人，多数有支配性的性格，富有领袖欲，而且活动能力很强，有进取精神。一般说来，特别嗜吃肉食的人，也是社交比较活跃的人，与别人很合得来。

通过对酒的喜好看性格

在社交场合，以酒为应酬的方式最为常见。通常，由饮酒可以了解对方的性格，或作为理解对方心态的参考，多半也是解决问题的较好时机。

根据美国心理学家的研究，喜好狂饮者通常渴望改变自我。这些人之所以豪饮，乃为了使自己的性格改变为自己理想中的模式。换言之，他们不停地喝酒，直到觉得变成自己满意的性格为止。因此，不是因好酒而饮酒，乃是渴望改变的心理在作祟。

具有这种饮酒心理的人，如果发现能够使自己的心理获得最大满足的酒，则会偏爱该种酒。其实并非酒在口感上的差别，多半是受心理的影响。特别喜好某种酒的人，性格上常异于一般人，具有特殊的愿望或欲求。

虽然酒的品种和性格的关系尚无充分的调查或研究，却可以做以下的概要分析。

1. 威士忌

顺应性强，能充分采纳旁人的意见。出世愿望非常强，只要有机会即渴望从中赚大钱或期待上司的认可。爱喝这种酒的男性，对待女性非常重视礼仪并表现亲切，会明确地表达自己的心意。

2. 中国白酒

有些人偏爱烈性白酒，如果餐桌上没有白酒则索然无味。喜爱白酒者一般富社交性而乐善好施，也有好好先生的一面。这种人极在意对方的感受，对女性尤其亲切，即使失败也不在意。在公司或职场中由于关照部属而深受部属们的爱戴，却很难获得上司的认可。

3. 洋酒

用餐必定有洋酒，或约会中必喝洋酒的人极具个性。

这类人多数追求豪华的生活，喜爱从事辉煌的工作，在服饰等方面也较挑剔。他们中有许多人有在国外生活的经验，也有一些人则是崇尚新潮。

4. 鸡尾酒

喜好带点甜味的鸡尾酒者很少有豪饮型。与其说是喝鸡尾酒，毋宁说是享受那种气氛，或渴望与女性对谈。如果喜好辣味而非调味的鸡尾酒

（如马丁尼酒），则是具有男性气概的表现，在工作上能充分发挥自己的个性与才能，值得信赖。同时具有责任感，举止行为有分寸。

5. 啤酒

喝啤酒表现的是轻松愉快的心情，或渴望从苦闷的环境中获得解放。这类人既不矫柔造作也不爱慕虚荣，可称为安全型。

有些人会选择和其公司系统相关的啤酒，而有些人也会在啤酒的品牌上表现个人的特性。事实上，各品牌的啤酒味道相差无几，特别指定品牌只是心理的作用。

一分钟心理指南

相似定律

有两个素不相识的酒鬼，因为喝醉了酒，在同一辆电车中睡着了。他们坐过了头，一直坐到郊外的终点站。当时已没有返程电车。于是两个醉鬼之间产生了友情，他们一起寻找出租汽车，车费两人对半负担。他们愉快地聊着，一起踏上了归途。

这两个酒鬼因为都喜欢喝酒而觉得趣味相投，而且又都在车上醉了，感到同病相怜，从而产生了比较亲密的感情。

在日常生活中我们经常可以看到，兴趣爱好、宗教信仰、对社会时事的看法比较一致的人之间，更容易谈得来，感情也更融洽。

相似性包括很多方面，如态度、信念、兴趣、爱好和价值观等。同年龄、同性别、同学历和相同经历的人容易相处；行为动机、立场观点、处世态度、追求目标一致的人容易相互扶持……

那么，人为什么会喜欢与自己相似的人呢？

和与自己相似的人在一起，人们更容易有共同语言，相互之间发生争辩的机会比较少；相互之间更容易获得彼此的支持，获得内心的一种稳定感；相似的人组成群体，可以共同应付来自其他群体的阻力或压力。

通过对领带的喜好看性格

由一个人对领带的喜好，就可判断其性格。

从对领带的喜好也可以了解一个人在工作上的信赖度。

当我们想要判断初次见面的人属于何种性格的人时，无意中会把注意力放在对方的服装上。

你不妨试着观察上司或长辈的领带，你会发现其中的乐趣。

1. 大型的领带

喜欢大型而华丽的领带的人，有着旺盛的好奇心，随时都在追求新事物。这种人个性开朗，然而因为常遭误解，所以常处于不满的状态中。

由于耐心不够，动辄厌烦，所以，在工作或金钱方面，这种人容易蒙受损失。周围的人对他的评论多是负面的，不适合做生意人。

2. 条纹领带

爱用条纹领带的人，属于脚踏实地的类型。在生活上也较保守，很重视自己的外形，会努力维护自己的形象。

由于这种人既慎重又诚实，因此，在生意上颇值得信赖。

喜好条纹领带的男性可以适应任何人，是令人产生好感的男性，在工作上属于绝对不会失败的安全型实业家。

此种人虽然工作上值得信赖，不过，却没有冒险精神或向新工作挑战的雄心，其中避重就轻的顺应型较多。

3. 有圆点花样的领带

喜欢有圆点花样领带的人，是浪漫主义者，感情上多半较稳定。

这种人给人灵敏、温和的印象，属于在内心里对自己非常自信的类型，有着极佳的判断力，不过，却很难下决断，结果，有时因而牺牲了自己。

4. 名牌领带

爱用名牌领带的人，多半是希望能引起他人注意的人，很在乎他人的眼光。

如果系着名牌领带，却不以为意，这种人不论在工作或生活中，都是处于安定的状态中。

另一方面，领带与西装不搭配的人，则是野心勃勃的人，常会作出偏激的行动，精神上处于不安定的状态中。

5. 蝴蝶结领带

除在婚礼、宴会等正式场合外，平日也喜欢系蝴蝶结领带的人，有着强烈的自我显示欲及极高的自尊心。

此类人多半是靠自己的能力经营成功的人，不论是对金钱或名誉，都有很强的执着心，总希望有与他人不同的表现。

一般而言，系蝴蝶结领带的人有两种。其一是餐厅或饭店的服务生，另一是上等社会的贵族。

喜好蝴蝶结领带的男性中，多半在年轻时有过一番心酸的奋斗史，或有自卑感，或对身高感到惭愧。利用蝴蝶结领带在颈项间做装饰，可以使自己的气质显得高雅一些。

这种类型的人在工作上对任何事都非常挑剔，属于神经质、拘泥于小节的人。在金钱方面也锱铢必较，是个节省的人。虽然具有信用，却难以相处。

6. 喜欢红色领带的男性

喜好红色领带的男性是标新立异者，强烈地渴望得到旁人的认可，虚荣心极强，却有轻易承诺的缺点，尤其是喝了酒后常说大话，在工作上可信赖度极低。

另外，喜好蓝色或紫色的男性是浪漫主义者、梦想家，在工作上只会动脑筋而缺乏行动力，可信赖度低。

以领带来判断人物时还有一个重要之处，即领带结。领带结打得端正而美观的人在精神上处于安定状态，工作也顺利，可以井然有序地处理事务。

相反，领带结打得歪斜而邋遢的人，是精疲力竭、意志消沉或在工作上无法发挥实力的人。

另外，在谈生意的过程中总是在意自己的领带结是否端正，也是情绪不安、心浮气躁、紧张的证据。

通过对电话本的喜好看性格

电话本是专门用来记载友人或有业务往来的客户的电话、地址及平日约会时间的。不同性格的人会采取不同的方法使用电话本。

1. 只记录地址及电话的电话本

有的人使用电话本时，只增加新的东西，不会删除旧的，即使某个人已搬走或已不复存在了，他依然把它留在原来的位置。所以，这种人的电话本密密麻麻地记录着多年来认识或早已遗忘了的人。

很多人会觉得这种人感情专一、不忘旧情、注意过去，是个重友情的人。

这也说明这种人的处世性格，即宁愿别人负我，我不负别人。他用这种心态处世，并不在乎得到的多，抑或是失去的多。他只是按自己的方式去生活和工作，从不考虑别人的想法。

在工作中，这种人一般学有所长，而且老实本分，深受上司和同事们的赞赏，同时对别人也不构成任何威胁，他只是专心致志地干好自己的本职工作，一般不听别人的闲言碎语。

在生活上，他是个家庭观念特别重的人，一般而言，他有一个比较牢固的家，他也希望自己的家庭牢不可破，因为他是个传统型的人，失去家庭对他来说是不可想象的。

2. 公司免费送的电话本

经常使用公司免费送的电话本的人是个很随便的人，在社会上走动，就像进入旅店一样方便、自由，从来没有不自在的感觉。也就是说，这种人的流动性很大，可能时常搬家，经常更换职业，在很短的时间内结识新朋友而遗忘旧朋友。这种人跟前一种人正好截然相反。

这种人也是个凡事不求深度的人，面对问题时，只要不使自己处于被动，随便把它解决就行了。换言之，这种人宁愿追求多种经验，而不肯在一件事情上下苦工夫钻研。

对他而言，生活的安排最重要的是简单、直接、方便，就好像那本免费赠送的电话本，有也可以，丢掉了也无所谓。

在现实生活中，这种人非常适应时代的发展，能够顺乎自然地处理好自己的各种关系，他对生活和职业的希望不是很大，所以也就谈不上感受失望的滋味。

从某方面讲，这种人是一个及时行乐的人，他有能力为自己争取所需要的东西，但他也并不过高地索取。总的来说，这种人在这个时代里生存得如鱼得水。

3. 随身携带的电话本

一般来讲，随身携带电话本的人是个小心谨慎的人，做事、做人都要求有个章程。这种人甚至不相信自己的记忆能力，担心找人时会把电话号码搞错，从而使自己感到难堪。

这种人与朋友间的关系，可能受多于施，因为他是一个依赖性较强的人。他认为这个社会充满险境，难以找寻自己的道路，一旦遇到困难，就希望别人能伸出援助之手。所以不要奇怪有些朋友会主动疏远这种人。一个独立的人很难与一个有依赖性的人长久相处。

很多时候，当这种人独处一隅时，他就会感到孤立无助，就会感叹世道艰辛而怨天尤人。他有时也会察觉自己软弱的性格，但他不是个有毅力的人，无法改变自己的处境。

4. 名贵电话本

喜欢使用名贵电话本的人是个注重外表和修养的人，崇尚物质享受和社会地位，喜欢抛头露面。当这种人把友人的电话及地址记录下来后，一般他会认为这个人是个可以信赖的人，并愿意与之发展有深度的友情。

这种人是个重视生活细节的人。他以谨慎的态度处世，对自己要求甚严，也希望别人实事求是。有时也会有人误解他，觉得他是装腔作势，表里不一，这也属正常，因为他喜欢把自己的标准强加到别人的身上。

在工作中，这种人是个非常注重效率的人，比如，当他需要与某人联系时，他希望能够及时找到别人的电话和地址。当然，这种人对朋友非常热情，有时也主动打电话邀请他们一起进餐或外出度周末。

5. **经常更换的电话本**

经常更换电话本的人是个注重实际，生活得比较现实的人，这种人的情感带有跳跃性，对处理任何事情都要加以选择。

这种人的这些特征表明，每到一定的时候，他都要更换电话本。当他将友人的地址电话重新抄写时，他会删除一些，同时也会增加一些新东西。也就是说，这种人在不断地检讨自己的行为，审视自己一段时期以来的人际关系，而他所采取的立场是现实的，也是符合实际需要的：对他有重要性的人或者他自以为需要帮助的人，他会把他留在电话本上，而他认为不需要或无足轻重的人，对他来说都将成为明日黄花。

6. **电子记录本**

使用电子记录本的人的意识是超前的，并相信科学合理的东西，认为未雨绸缪是办好一切事情的基础。

这种人总是不停地追寻更加完善的方式去组合自己的生活，在许多人尚未懂得电子记录本的时候，他就早已淘汰了别人正在使用的款式，而采用最新的款式了。

无论何时，他都会把生活和工作安排得井井有条，把属于自己的事情安排得井然有序，讨厌杂乱无章的人。这种人很守时，当和别人洽谈事务时，最讨厌迟到，他不喜欢把时间白白浪费掉。

他的这些程序化性格也许让别人觉得他沉闷，当别人向他提出这些问题时，他很可能会不屑一顾，因为他根本就不打算改变自己的生活方式，认为这会扰乱他的工作和生活。他的朋友都比较信赖他，认为他为人可靠，一点也不虚浮，但也会觉得他沉闷、难以亲近。

7. **没有电话本**

如果一个人不使用电话本，或者他讨厌这类玩意儿，而只是将朋友的电话、地址以及约会时间写在零散的纸张上（诸如办公纸、信封的背面、火柴盒等），那么这个人会是怎样的人呢？

大体上讲，这种人是个洒脱、浪漫的人，即使天塌下来也会觉得无所谓；他喜欢及时行乐、今朝有酒今朝醉；从另一方面讲，他为人处世杂乱无章，毫无细致的安排，为了寻找一份文件或一个电话号码，他可能会把整个房间翻个底朝天。

如果走进这种人的办公室，写字桌上肯定堆满乱七八糟的东西，最重要的又很可能被埋在最下面，或者被扔进了纸篓里面。从这点来讲，这种人很难被委以重任。

可以想象，这种人家居的情形也不会好到哪里。不过，这种人是个自得其乐的人。

通过对宝石的喜好看性格

对宝石的喜爱，可以表现出一个人的个性。另外，宝石也可说是美、力、财富的象征，因此，从对宝石的喜爱，也可知道此人的愿望，及希望自己在他人眼中是什么样的人。

1. 钻石

喜欢象征权力与财富的钻石的人，是现实的，有着强烈的金钱欲望。除金钱外，凡是一流的事物都是其追求的目标。

这种人凡事多能积极去做，随时燃烧着接受新事物的欲火，一切行动都有着明确的目标。

2. 珍珠

若是天然的珍珠，非常珍贵。喜欢珍珠的人，必是纯真且优雅的人。

这种人总是以对方的心情和立场来考虑，不会强迫他人接受自己的意见。不过，这种人不是很善于表现自己，因此，当他喜欢某人时，常无法明确地表示自己的心意，所以，也有焦躁不安的一面。

3. 紫水晶

喜欢在水晶之中选择价格最贵的紫水晶之人，必是优雅的女性。行为虽谨慎，但能自然地表现出自己的个性。脑筋好，想象力、幻想力也很杰出。

多半是喜欢美丽事物、喜爱艺术的人。

4. 祖母绿

祖母绿是绿色宝石的代表，绿色越深的，价格越高。

喜欢祖母绿的人，一般说来，是开朗乐观的人。即使遇到不悦的事，也会马上忘却，个性干脆利落；行动时，不会受过去所左右，眼光总是放在未来。

在团体中，总是成为众所瞩目之人，可是，这却不在其意识之中。

5. 黄玉

喜欢黄色宝石的人，讨厌被拘束，喜欢表现自己的个性；有着强烈的自我主张，不喜欢受人指使。可以说，这种人是爱领导他人的人。

这种人对于知识有着强烈的好奇心，也有研究之心。对于他人做不到的事，总是积极地加以挑战。

6. 海蓝宝石

喜欢海蓝宝石的人，是个浪漫主义者。这种人总是怀抱着大的梦想和理想，并以此作为自己生活的指引。不过，稍有慎重过度的倾向，因此，实行时就显得行动力不足了。

待人和善，总为对方着想，温柔体贴，也是这种人的特征。

7. 红宝石

红宝石是代表关系亲密的宝石。喜欢这种美丽红宝石的人，热情洋溢，有着凡事都想试试看的欲望，很有行动力。

这类人最重视自己的感觉。不过，由于反抗心强烈，因此，常和周围人形成对立。

8. 土耳其石

喜欢土耳其石的人，全身散发着一股谜样的神秘气氛。这种人具有独特的创意，是一开口就让周围人惊异的人。

9. 蓝宝石

喜欢蓝宝石的人是非常认真、忍耐力很强的人，对于自己的感情和欲求有着极佳的控制力，是表里合一的人，很受周围人的信赖。

有时候他们也会不满足自己的现状，从而萌生“不要再过这种生活”的想法，但却没有勇气付诸行动。

10. 珊瑚

据说佩带珊瑚有避邪的作用，很多人是迷上其湿润的色泽。

喜欢珊瑚的人，多半喜欢神秘的事物，如：占卜、宗教。这种人很重视直觉，常会有想象不到的快感，乍见之下，此种人蛮柔弱的，其实内心很刚强。

通过对电视节目的喜好看性格

美国一位心理学家指出，通过对一个人喜爱电视节目的类别的分析，可以判断出他的性格与心理。

1. 喜欢欣赏喜剧性节目的人

对生活要求不高，家庭观念浓厚，同时个性比较含蓄。此类人大多会利用幽默感隐藏内心真实的情感，表面上插科打诨、漫不经心，但内心却炽热如火。

2. 喜欢看戏剧节目的人

自信心强而富有冒险精神，英雄主义色彩极浓，霸道，喜欢领导和左右别人，只是有时会变得独裁专断。

3. 对神秘恐怖节目或犯案故事感兴趣的人

好奇心重，竞争心强。凡事能够贯彻始终，全力以赴。喜欢追求刺激而不甘于平凡。

4. 喜欢有奖游戏或猜谜节目的人

有智慧，推理能力强。对任何问题都能冷静分析，寻根究底。此类人最不能忍受别人的无知和愚蠢。

5. 对家庭伦理连续剧感兴趣者

幻想力强，是非分明，极富正义感，为人处世均非常有分寸。

6. 喜欢清谈式或说话性节目的人

心思缜密，爱好争论而略为偏执。为人很有主见，但又非常客观，在作出任何决定时，必先详细考虑分析，绝不莽撞行事。

7. 爱看大型综合性娱乐节目的人

乐天开朗，心地善良而不愿记恨。此类人凡事只看光明面，最能体谅别人。

8. 爱欣赏体育节目的人

竞争心极强，喜爱接受挑战，压力越强，表现越佳。做事谋划而动，计划周详而且尽力追求。

不同类型气质的优点和缺点

严格地说，气质类型并没有好坏之分。气质类型受遗传因素影响较大，就像我们的长相、身高一样，我们只能后天加以修饰，很难改变其先天的特性；气质与心理活动的动力特征有关，是神经系统最基本的特性，而与心理活动的内容无关。例如，通常情况下，胆汁质的人无论做好事还是做坏事，都会表现出行动敏捷，精力旺盛。他们不会因为做坏事而拖拉，行动迟缓，言语吞吐。

有分析者曾做过以下的分析：

俄国四位著名的作家中，普希金为胆汁质，赫尔岑为多血质，克雷洛夫为黏液质，果戈理为抑郁质，他们是气质类型十分不同的人，但他们同样在文学上取得了杰出的成绩。

李白为胆汁质，郭沫若为多血质，茅盾为黏液质，杜甫为抑郁质，虽然他们的气质类型不同，但他们都是我国历史上成就突出的文学大家。

成龙为胆汁质，周星驰为多血质，刘德华为黏液质，梁朝伟为抑郁质，虽然他们的气质类型不同，但他们同样是香港最著名、最有成就的演艺界大腕。

不过，气质特征本身有优势的心理特征一面，也有劣势的心理特征一面。随着年龄的增长，特别是社会生活环境的改变和教育及家庭等各种因素的影响，气质可以发生不同程度的变化。为了很好地适应生活、工作和学习的需要，了解自己气质上存在的缺陷，发挥气质的积极方面，改造或克服气质消极的一面就具有重要的现实意义。

就像上面提到的这些成就突出的名人，他们的成功在于他们的天赋、勤奋和创造，他们放大自己好的一面，然而他们也不断改正自己的缺点。因此首要一点，你要清楚地认识自己气质的缺陷在哪里，有针对性地进行调整。

1. 胆汁质的优点与缺点

优点：肯定、积极、自立、反应敏捷、富于竞争性、意志坚定、善于说服、富于冒险、无畏、勤劳、有远见、执着、果断、独立、自信、勇敢、坦率等。

缺点：排斥异己、专横、不老练、工作狂、鲁莽、好争吵、自负、固执、不善表达、急躁、过分率直、逆反、烦躁、易怒、有统治欲、无同情心、好操纵等。

2. 黏液质的优点与缺点

优点：计划性强、体贴、自我牺牲、坚持不懈、善于分析、规范、完善、规划性强、忠心、考虑周到、深沉、理想主义、有修养、讲究细节、井井有条等。

缺点：内向、压抑、过分敏感、不善于交际、消极、不合群、悲观、挑剔、无安全感、难于取悦、忸怩、好批评、勉强、多疑、孤僻、情绪化等。

3. 多血质的优点与缺点

优点：无拘无束、主动、生气勃勃、鼓动性、有说服力、擅长社交、喜好娱乐、活泼、受欢迎、感情外露、活跃气氛、可爱、有趣、乐观、开朗等。

缺点：易反复、混乱、啰嗦、虚荣、幼稚、易怒、放任、轻率、好插嘴、健忘、散漫、善变、好表现、报复、不专注、粗心大意、大嗓门等。

4. 抑郁质的优点与缺点

优点：耐性、满足、含蓄、自控性强、顺服、平和、适应性强、平衡、知足、善聆听、容忍、敏锐、细致、调节者、贯彻始终、友善、迁就、善外交等。

缺点：妥协、拖延、懒惰、缓慢、言语不清、乏味、缺乏热情、保守、胆小、多疑、嫉妒、胆怯、担忧、冷漠、平庸、不合群、优柔寡断等。

5. 如何对待气质的优缺点?

如果你的胆汁质成分多一些，就要发扬自己豪放进取的一面，要克服自己冲动、任性、粗暴的一面；鼓励自己养成坚韧、镇定、沉稳的品质，遇事要沉着，做事要持之以恒，不断学会自制，培养自己富于理性、勇敢进取、富有创造性等。

如果你的多血质成分多一些，则要发扬自己热情、善交际的长处，但要防止自己做事粗心大意、虎头蛇尾的毛病，培养自己形成稳定和有毅力的品质，要严格要求自己，养成做事有计划、有目标、有要求的习惯等，不能使自己感到无事可做。要培养自己有稳定的兴趣，发挥自己热情奔放、机敏灵活的品质，要求自己在学习、工作和生活中不心猿意马、朝秦暮楚，做事要专心致志和敢于面对困难等。

如果你的黏液质成分多一些，是个安静、稳重、注意力集中、善于忍耐的人，就要发扬自己踏实、顽强、自制的长处，防止自己墨守成规、谨小慎微、缺乏进取、固执己见等不良品质的蔓延，鼓励自己多参加集体活动，养成机敏开朗的品质。当学习和活动的任务交给自己时，要求自己独立地完成任务。要多给自己活动机会，主动探索新问题，让自己更加生动、机敏、灵活地完成任务，否则会影响自己合作能力的发展。

如果你的抑郁质成分多一些，做事细心，善于觉察别人不易发现的细节，就要发扬自己机智、敏感、细致、自尊的一面和善于思考的优势，树立自信心，防止自己怯懦、多疑、孤僻的一面，克服忧郁，大胆勇敢地承担工作重任，锻炼自己在公开场合发表意见的勇气和能力。

第九章

动作中隐含的心理信息

身体语言在很多时候要比语言诚实得多，或者效果要更强烈。通过观察一个人的身体语言，你能了解到这个人的许多东西，发现这些有趣现象背后的“秘密”。

从头部动作看心理

在我们观察别人的动作进行识人时，首先入目的是人的头部动作。这不仅是因为头长在整个身体的最上面、最显眼，更重要的是头部动作所传递的信息最多。

1. 头部姿势

在不同的场合，由于人们的情绪和态度不同，头部姿势也有明显的不同，并且随着情绪和态度的变化而变化。因此，从头的姿势可看出一个人对别人和社会的态度。头部姿势可以概括为四种：直竖着的头，斜偏着的头，向下低的头和用双手在脑后反托着的头。

直竖着的头的姿势的含义是“不偏不倚”。在中国古代哲学中，有“不偏不倚谓之中”的说法。这种头部姿势是表示中立的态度。斜偏着头的姿势是表示对某事有了兴趣，当别人对你说话时，你只需斜着头并不时点头，就会使对方有温馨的感觉。向下低头的姿势意味着否定或批评，通常还伴随着严厉的面部表情。用双手在脑后反托头的姿势常被认为是成功人士的专利，在西方社会，像会计师、律师、业务经理等自信而又有优越感的人常用此姿势。

2. 头部自我触摸的动作

在多数人的身体接触中，头是接触频率最高的身体部位，多数情况下，都是自我接触，如用手去摸头等。头只占人身体表面积的九分之一，但有半数以上的自我触摸动作就在头部，而且这种自我接触的动作，大约有650种。这些动作可以分为四大类。

（1）隐藏动作的触摸。这包括对噪声感到不耐烦时用手掩耳，或阳光等光线过强时用手遮眼等动作，以遮断向感觉器官的输入。此外，哭泣时用手掩面等企图掩饰表情的动作也包含在这一范畴之内。

（2）整理身体动作的接触，即将手举向头部作出“抓”“擦”“摸”

等动作。这本来是以维护头部整洁为目的的，然而，当一个人陷入情绪混乱或紧张状态时，往往会作出类似整理身体的神经质行为。比如：男性方面最普遍的“抓头”动作，大致上均可视为不满、困惑、害羞、痛恨自我等直接表现。因此在这一时候，往往带有脸红或喘气的现象。东方人以害羞的成分较大，一边抓头，一边哑然失笑的情形很多。另外，脑中加速思考、接受面试等面临燃眉之急的重大事情之时，“摸头发”、“抓头”等动作也包含在相同的整理身体动作的范畴内。

（3）特殊象征的接触。以象征性的行为接触头部的动作就是典型之一。为了强调正在用脑筋思考，咚咚地敲头或手贴在头部不动等动作，就属于本类的范畴。另外，还有“抱头”的表现，将双手抱在后脑，也同样表示陷入深思的状态。

东方人不能理解一件事物而进行深思时，不断作出歪头动作，欧美人一般则是将手掌贴在太阳穴附近表示正在思考。另外，用无名指轻点太阳穴的人也不少。这些动作本身均表示心理上感到“疑难”的信号。同时，下意识地按住人体要害之一的太阳穴，也可视为企图对思维予以刺激的行为。欧美人陷入自我侮辱的心理状态时，也有伸出食指朝着太阳穴作出手枪射击自己脑部的自我接触之举动。

此外，属于此种象征的接触，还包含突然想起某件事情时，一边说“啊，对了”一边使劲拍打前额的动作。

（4）自我紧密性的接触。人类接触头部的最大动机，是对他人的一种潜在的身体接触欲求。在此种自我接触之中，人们最常作出的动作，就是靠在桌面或柜台上，用手支撑头部。肉体上的疲劳并非这一动作的主要原因。当做头部支柱的手，亦即当做一种形象，取代了拥抱自己、给予安慰的朋友，用自己的手，再度体会安慰与亲密性的快感之意。同时，由于这一动作可公然在他人面前作出，所以，一旦希求精神上的安定时，很自然地就会作出此种动作。

除此种“靠肘”动作之外，人们经常作出的动作中，还有一种并拢食指、中指、无名指，手背朝外，轻轻拍打额头的行为，此大致上可视为腼腆、困惑的表现。欧美人作出该动作时，是并拢食指、中指、无名指、小指，而大拇指分开，用中指与拇指的指尖按住太阳穴附近的位置。许多人的“困惑”表现，在无意识之中就会流露出来。

上述自我接触隐藏着对他人的潜在性肉体接触欲求，如果这一行为转变成对他人的实际接触情形，则将产生何种演变呢？通常，表现为头与头的接触，手与头的接触等两种现象，是二者关系极度亲密时才会发生的动作，这也是年轻情侣、夫妇之间爱情表现的信号。男人之间所发生的头部接触，有这样三个理由：（1）向对方伸出援手之时；（2）给以祝福之时；（3）施予攻击之时。

3. 点头动作

听别人讲话时，用不着用言语来表明你在认真听讲，只需要看着他，不断地向他点点头，笑一笑，就能给讲话者留下很好的印象。一些善于与人交谈者，对于这种点点头加笑一笑的倾听技巧运用得很熟练。讲话者看到听众们不停地点头，精神就更加振奋。有时谈话双方中一方会觉得无聊或有什么急事，但又不好意思中断谈话，也会心不在焉地点一点头，笑一笑。怎么才能看出这种情况呢？我们可以从对方点头的频率和动作的特点来判断：

（1）当对方针对谈话内容或音律向你做点头的动作时，是他在对你表示某种认同或好感。

（2）在谈话过程中，点头频率过高，是表示对你或讲的内容持否定态度或不耐烦。

（3）如果点头的动作与谈话情节不符，表示对方不专心，或有事情瞒着你。

一分钟心理指南

内向性气质

这种气质的人谨慎、安静、真挚，易于满足现状，喜欢独处，给人感觉比较神秘。这种人社交能力较弱，往往很难与人沟通；总是以自我为中心，很清楚地区分自己和别人，不能容忍别人的侵入，大多是个人主义者；能够克制自己的感情，不动声色，但因为感情丰富，所以容易受伤害；较多疑，易起猜忌；富于幻想，对现实不太感兴趣，在理想的王国中得到解脱。

对于人生的态度，他们是严肃的。他们的恋爱充满了理想主义色彩，苦苦寻觅自己心中的偶像，往往表现出很浪漫的特点。在这种气质的人中，有一种很有才华的人，工作能力出众，不允许马虎，更不能容忍出错，喜欢按部就班的方式，喜欢指使别人，是严厉的领导者，缺乏平等待人的态度。此外，还有一类倾向于稳重的人，他们缺乏热情，对人不憎恨也不亲近，有一种与世无争的特性，总是做旁观者，处于被动的角色，经常愁眉苦脸，显得与这个世界格格不入。

从眼部动作看心理

一个人的眼睛所表现出来的，是各种眼色神情，告诉旁观者他内心情绪的变化。

眼睛低垂通常表示谦逊的信号，它是基于部属不敢正视长官的正常反应而来。低垂的方向多往地下，不会左右乱瞟。这种动作经常伴随着鞠躬或俯首听命。

眼睛流露善意，心底必定慈悲；眼睛倒竖，性情刚烈；眼珠暴突，性情凶恶；眼睛斜视不语，心怀妒忌不满。

瞄上一眼后，闭上眼睛，即是一种“我相信你，不怀疑你”的身体语言。

闭上眼睛后，再睁眼望一望，如此不断反复，就是尊敬与信赖的表现。

首次见面时，先移开视线者，其性格较为主动。

当你注意到某个人只向一位异性看了一眼，就故意收回了视线，而不再看，这是一种自控行为。

眼睛上扬，是假装无辜的表情；目光炯炯望人时，上睫毛极力往上抬，几乎与下垂的眉毛重合，造成一种令人难忘的表情，传达出某种惊异的心绪。

斜眼瞟人是偷偷地看人一眼又不想被发觉，传达的是羞怯、腼腆的信息。这种动作等于是在说："我太害怕了，不敢正视你，但又忍不住想看你。"

眼光涣散常见于人很疲倦或做白日梦时，有些人常这样由室内望向窗外，以表示其内心中怀有某种梦想（例如坠入情网）。

眯紧眼睛基本上是遭遇强光或威胁时的自卫反应，但也可能代表高傲、轻蔑的意思。作出这一表情的人可能愤世嫉俗，对周围的世事感到厌烦。

眼睛表面的闪亮，是因情绪激动促使泪腺分泌，产生润泽之故，但感受又未强到足以落泪的地步。这种现象常可从情侣、影迷、球迷、骄傲欣慰的父母亲以及获胜的运动员脸上看到，但也可能是表示哭泣以外的任何强烈的情绪激动，如厌烦、沮丧及生离死别等悲痛。

眨眼的变型包括连眨、睫毛振动、挤眼睛等。连眨发生于快要哭的时候，代表一种极力抑制的心情。睫毛振动时，眼睛迅速开闭，是一种卖弄花哨的夸张动作，好像在说："你可不能欺骗小小的我哦？"

挤眼睛是用一只眼睛使眼色，表示两人间的某种默契，它所传达的信息是："你和我此刻所拥有的秘密，任何其他人无从得知。"在社交场合中，两个朋友间挤眼睛，是表示他们对某项主题有共通的感受或看法，比场中其他人都接近。两个陌生人间若挤眼睛，则无论性别为何，都有强烈的挑逗的意味。由于挤眼睛意味着两人间存有不足为外人道的默契，自然会使第三者产生被疏远的感觉。因此，不管是偷偷的还是公然的，这种举动被一些重礼貌的人视为失态。

从嘴部动作看心理

人的嘴部确实能够鲜明地表现出人的态度来。一般来说，一个人嘴唇部分的变化，主要有以下几种情况：

（1）把嘴抿成“一”字形，表明他是个坚强的人，一定能完成你交给他的任务。

（2）张开嘴而合不上，是个意志不坚定的人。

（3）人的嘴唇往后空撅的时候，可能是一种防卫心理的表示，如果是女孩子，这可能是她撒娇的表现。

（4）喜欢将下巴抬高的人，十分骄傲，优越感、自尊心强，这种人望向你时，常带否定性的眼光或含有敌意。

（5）下巴缩起的人，疑心病很重，容易封闭自己，不易相信他人。

（6）嘴角下撇，这种人性格固执刻板，不爱说话，很难被说服。

（7）嘴角上翘，这种人豁达、随和，比较好说话，易于说服。

（8）唇角后缩，表明对方正在倾听你说话，而且感兴趣。

（9）说话或听话时紧咬嘴唇，表示对方在自我谴责，自我解嘲，甚至自我反省。

（10）说话时习惯以手掩口的人，说明对对方存有戒心，或者在自我掩饰。

知道了这些“口唇语言”以后，我们就可以用它们来识人了。同时，我们也要注意自己的口唇运动习惯，千万别让它们泄露了天机哟。

从肩部动作看心理

肩部是责任和尊严的象征。“铁肩担道义，妙手著文章。”这一古语很能说明问题。肩部是人体活动比较自由的部位，可以上下活动，从而缩小或扩大身体的势力范围，肩部的语言是十分丰富的。

人与人肩并肩往往被当做是一种友好合作的象征。所谓“并肩作战”，说的就是两个战友或国家团结在一起，共同抗击敌对势力。互相拍拍肩部或抚摸肩部，也是友好与信任的表示。

正常情况下，人的双肩与地面保持平行状态，左右同高，外侧的连线应当在同一条水平线上，否则就成了人们常说的“阴阳肩”。耸肩的动作表示对某人或事物的无可奈何的态度，一般情况下，是以掌心朝上摊开双手来配合这一耸肩动作。耸肩时，是双肩一起耸动，如果单独耸动或两肩的耸动在时间上有先后，就会产生十分不雅的效果。

耸肩动作欧美人士使用较多，它的基本含义是“不知道”“不理解”“没办法”或“无可奈何”。在使用这一动作时，还要有其他的动作加以配合：嘴里说着“嗯哼”或“OK”，双手一摊，双肩一耸。这是我们比较熟悉的欧美人的典型动作。近年来，中国许多时髦青年也使用这样的动作，大概是受各种新闻媒体以及影视作品的影响。

缩肩是缩小势力范围的动作，表示不安或恐怖。展肩则是扩大势力范围的动作，基本含义是展示自我的存在，威慑对方。日常生活中，常可见到模范、英雄等人物肩披绶带，这是对他们的一种突出显示。这种做法据说源自日本，因为日本的议员、贵族或候选人往往在肩上斜披一绶带或红布条等，以尽量扩大自身的范畴。现代军人的肩章、某些职业服装以及西装的垫肩等，都是为了突出人的肩部而特意设计的，以表现其威严或权势。

人在寒冷的时候也会耸起或抱起肩部。耸肩还可能是人在抽泣时使用的动作。

一分钟心理指南

黏着质气质

这种气质的人的共同特征是专心、坚定、始终如一、一丝不苟、遵守常规。他们留给人的第一印象比较好：一般不紧不慢，彬彬有礼。他们大多时候感觉迟钝，办事不够干脆。但偶尔也会突然爆发，不顾一切。这种气质最突出的特征就是坚持不懈。一旦认准了目标就会一直坚持下去。有时会留给人不会变通、认死理的印象。对正在做的事情，都能一丝不苟，绝不粗心大意。那股认真劲，有时甚至令周围的人有点难以接受。他们对社会中的各种规则不会有反抗的欲望，总是觉得规则高于一切，忠诚地遵守，对随意违反的人深恶痛绝。他们显得比较顽固，不能很快地适应环境，但从另一方面来看，也提供了一个集中精力解决问题的条件，不为外界所动，所以常常能取得别人难以企及的成功。

从胸部动作看心理

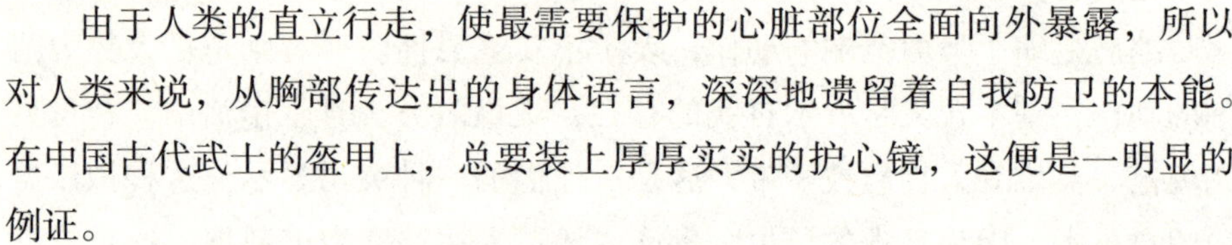

由于人类的直立行走，使最需要保护的心脏部位全面向外暴露，所以对人类来说，从胸部传达出的身体语言，深深地遗留着自我防卫的本能。在中国古代武士的盔甲上，总要装上厚厚实实的护心镜，这便是一明显的例证。

不可思议的是，人们经常故意采用暴露心脏这一弱点部位的姿势，来传达某种信号。比如，高高地挺起胸脯的姿势，在无声地表示着他的自信和得意。胸脯挺得过分高，则又变成了十分傲慢的意思。这种过高地挺起胸脯的姿态，会使别人受不了，从而发出“那家伙摆什么臭架子”的怨言。

挺胸而全面暴露自己弱点部位的姿态，说明他在精神上处于绝对优势的地位，完全不把对方放在眼里，毫不在乎对方可能会发起的攻击；同时，挺胸的举动也是他竭力扩大自己的势力范围的一种表示。

还有一种矮个子男人，他们不甘于“低人一等”，走路时，会故意挺起胸脯来弥补他们的弱点，以此来树立精神上的优势。法国的拿破仑便是典型的例子。

总之，挺胸者绝对属于在力量上、精神上占上风的人。

与挺胸的动作相反的，是双臂交叉着横抱在胸前的姿势。这是一种保护自己身体的弱点部位、隐藏个人情绪以及对抗他人侵扰的姿态。这是防卫的信号，甚至带有敌意的暗示。

这种双臂交叉于胸前的姿势，是日常生活中常见的姿势。根据达尔文的研究，这种姿势几乎在世界各地都表达着同一种意义——防卫。同事之间在一起讨论时，常会出现这种姿势；小孩子们用这种姿势来抗议父母的唠叨；老年人用这种姿势来维护自己的尊严；打擂台的双方用这种姿势来应战……这种姿势似乎可以使人觉得自己稳如泰山，能对抗任何攻击。

这种姿势通常也表示否定和拒绝。有些人只顾高谈阔论，没有留意到自己摆出了抱臂于胸的姿势，这样，他的滔滔言论非但不能说服对方，反而起到了再三刺激对方的作用，使原本愿意和他亲近的人逐渐疏远。每当我们发现对方采取这种姿势时，就是表示他想结束这场谈话，你就应该知趣地收起自己的滔滔长谈了。

从背部动作看心理

背部是与胸、腹部相对的部位。胸、腹在身体的前面，比较容易传达人类的情感、情绪与意识；而背部在身体的后面，它的掩盖和隐藏的功能大大超过了传达的功能，但背部又不可能把人的情感、情绪全部掩盖起来；背部只能掩盖人的表情的明显部分，而泄露出来的部分反而更加深刻地反映出被掩盖部分的本质。

（1）脊背代表一个人的性格和气节。挺直脊背的人往往性格正直，严于律己，又充满自信，但在另一方面，思想可能比较刻板，欠缺弹性。

（2）与此相对，采取驼背姿势或低头哈腰的姿势，表明此人具有闭锁性和防卫倾向。这种姿势虽然有不求自我表现、慎重和自省的一面，但主要是表露自己精神上的劣势：即愤世嫉俗、孤僻、畏惧、惶恐、自卑等心态。

（3）挺拔地站在舞台上或讲台上的演员或教师，从他的姿势可以想见他所受的严格训练和自我约束。

（4）端坐的姿势也是一种自我约束的表现。

在对坐中，挺直脊背，一直保持端坐姿势者，等于在他与对方之间筑起一道无形的墙。

日本人经常采取端坐的姿态，这种姿态若不是出于礼节，那就是拒人千里之外，表示不可亲近、不愿迁就的意思。

(5) 背向着对方或转过背去一般可理解为表示拒绝、不理睬或回避。对某些女性来说，转过背去的动作有等待男性来说服的意思。

(6) 打电话时转过背去（有时还用一只手遮着话筒），多半是在谈论带有秘密性的事（私事）。背向他人意味着用背部挡住他人的介入，以消除自己心理上的不安。

(7) 同性、亲友之间互相拍背，往往表示有同感，有共鸣，或为了鼓励、催促和怂恿。

在不太亲密的同性朋友之间也常见接触背部的动作，在这种情况下，可认为是关心对方或有进一步加强人际关系欲求的动作。

(8) 在异性之间（特别是在假定的性对象之间），男性触摸女性的背部，表达了一种既渴望进一步接近，又唯恐对方拒绝的心理，有时也表达试探性地说服对方的企图。

一分钟心理指南

同调性气质

这种气质的人擅长社交、亲切善良、温和老实。他们会兼有两方面的特征：开朗活泼、性急、富于激情和幽默感；柔和、安静、抑郁。这两种特征处于一种变化的状态中，有时开朗、富有活力；有时郁郁寡欢、对周围毫无兴趣。遇到不顺心的事，总爱责备自己。他们通常不埋怨别人，只是在自己身上找原因。他们的笑是一种非常有魅力的笑：微笑。他们善于倾听，也会利用自己的幽默天赋使气氛更加活跃和愉快。他们善于思考，博览群书，拥有丰富的知识，具有智慧的头脑和敏捷的思维。他们最大的特点是适应性，与整个社会是协调的。他们总会作出必要的妥协和退让来适应社会，即使有时候委屈自己也在所不惜。他们比较注重现实，但是他们的顺应也有不好的地方：该坚持的不敢坚持，该果断时又难以作出决定。

从腰部动作看心理

腰部在身体起“承上启下”的支持作用，腰部位置的“低”或“高”与一个人的心理状态和精神状态有关联。

（1）弯腰动作，比如鞠躬、点头哈腰属于低姿势，把腰的位置放低，精神状态也随之“低”下来。

向人鞠躬，是表示某种“谦逊”态度，或表示尊敬；如在心理上自觉不如对方，甚至惧怕对方时，就会不自觉地采取弯腰的姿势。

从“谦逊”再进一步，即演变成服从、屈从，心理上的服从与屈从反映在身体上就是一系列把腰部放低的动作，如在居于优势的个体面前蹲、揖、跪、伏、叩拜等。弯腰、鞠躬、作揖、跪拜等动作除了礼貌、礼仪的意义之外，都是服从或屈从对方、压抑自己的情绪的表现。

（2）挺腰动作。这个动作反映出情绪高昂，充满自信。用力挺直身体，使身体增高（同时也可提高腰部的位置），这是进行威吓，表示无畏，力图使自己处于优势的动作。经常挺直腰板站立、行走或坐下的人往往有较强的自信心，且有自制和自律的能力，但可能缺乏精神上的弹性。

（3）手叉腰间，表示胸有成竹，对自己面临的事已作好精神上的准备，或采取行动的准备。手叉腰间，两只拇指露在外面，更流露出某种优越感或支配欲。

（4）两手的拇指呈倒“八”字插入裤腰部位的男性（以西方男性居多），除表现出优越感外，还表现出男性的威严、“帅劲”（当然，这个姿势或动作中隐藏着性意识）。

（5）深坐者身体（特别是腰部）位置放低，表示认为眼前的事物并不会引起紧张，没有必要立即站起来，精神上处于放松状态。深坐也是向对方表现自己心理上的优势。

（6）始终浅坐在椅子上的人流露出自己心理上的劣势和缺乏精神上的安定感。所谓“正襟危坐”就是指这类浅坐动作。

例如：一个小人物在大人物面前坐也不是，站也不是；叫他坐下，也只是屁股沾着一点儿椅子边；而大人物则往往是舒适地深深坐入椅内，一副居高临下的神态。

（7）在他人面前猛然坐下的动作，表面上是一种随随便便、不大礼貌或不拘小节的样子，其实此人内心隐藏着不安，或有心事不愿告人，因此不自觉地用这个动作来掩饰自己的抑制心理。如果同这个人谈话，他往往会表现出心不在焉或神思不定的状态。

（8）最低位的腰部动作是蹲姿。蹲是一种历史遗传动作，多见于疲劳的老年人，表面上的意义完全是防卫和服从。文明人和文化水平较高的人很少采取蹲姿，因为蹲姿形象上不雅观，意义上消极，心理上处于劣势。农民蹲着抽烟、休息或聊天，其含义就比较单纯，只是为了休息，使自己的身体回复到原始人的状态。蹲着的姿势也隐含着“眼前服从，今后不一定服从”的攻击性心理。特别是两手悬置膝上、眼睛由下向上看的蹲姿（多见于市场上的摊贩），可理解为隐藏着攻击欲求的防卫性姿势。

从腹部动作看心理

腹部在腰部以下，与臀部相对，位于人体的中央部位，在体态语言上，不太被人注意。其实腹部也有极丰富的表情与含义。

凸出腹部——将如此重要而又相当脆弱、易受到攻击的部位挺露出来，是表现自己的心理优势、自信与满足感。在此种情况下，腹部是意志与胆量的象征。古今中外的英雄、豪杰、领导者、气宇轩昂之人无不是挺胸凸肚的。凸出腹部的动作意在扩大自己的势力圈，是威慑对方，使自己处于优势的支配地位的表现。反之，抱腹蜷缩的动作表现出不安、消沉、

沮丧等情绪支配下的防卫心理。

解开上衣纽扣而露出腹部表示开放自己的势力范围，是对于对方不存戒备之心的表现；有时也有威慑对方，表现胆量的意思。

腹肌紧张（或收腹的姿势）的男性，是积极采取（性）行动的表示。从外观看，收腹姿势会使全身肌肉呈现紧张状态，特别是脸颊和眼部的肌肉紧张起来，给人一种表情活泼、生动的印象，散发出青春气息。反之，腹部肌肉松弛，是衰老的标志。挺着一个松松垮垮的肚子，从外观上就会给人留下精力衰退、神情呆滞、动作迟缓的印象。

遇到兴奋或愤怒的时刻，呼吸会变得急促，腹部会起伏不停。反之亦然。腹部极度起伏，意味着对即将爆发的兴奋或激动状态的抑制而导致呼吸的困难。

轻拍自己的腹部，表示自己有风度、有雅量，也包含着经过一番较量之后的得意心情。

一分钟心理指南

自我表现气质

这种气质的人喜欢以自我为中心，感情夸张，虚荣心比较强烈，好胜心也很强，意志不坚定，常把希望寄托于不切实际的幻想中。他们积极地追求名誉和威信，有时不顾自己的实际情况，轻率地作出举动。他们总是竭尽全力地让别人注意自己，努力使自己成为人们的焦点，成为被认可和被接受的人。他们社交比较广泛，尤其喜欢和名人交往，以此得到精神上的满足。他们看问题很少考虑对方的立场，只要符合自己心意的，就想当然地认为也一定符合别人的心意。这种气质的人喜欢逃离现实，到一种理想主义的境界里寻找满足，这与他们的自我表现意识有关。因为执着于自我表现，一旦在现实中遇到挫折，只好借助虚无主义的手段，寻求心理平衡。一件平常的事，他们都会作出令人惊奇的反应。例如，当他们在大街上遇到朋友时，会表现得激动无比，可是一转身，很快就把他忘了。所以，他们的内心感情并不丰富。

从腿部动作看心理

了解腿的动作，是破译内心秘密的一种强有力的武器。

当心中不安，或想拒绝对方时，一般人常将手或腿交叉。这是在无意识中企图保护自身的心理表现，也是不让他人侵犯自己势力范围的防御姿势。

当你向上级提出某个建议时，如果他听了一会儿，便把腿架了起来，表明他可能对你的建议不感兴趣。果真如此的话，你应该尽快结束话题，告退离开。如果还要不知趣地唠唠叨叨的话，上级必然会频繁地变换架腿的动作，最后会变得越来越不耐烦。等到他忍不住打断你的话时，你就会感到窘迫了。

另一方面，如果一个人有意于接受对方的话，则会采取张开腿的姿势。张开的腿比紧紧并拢的双腿更能扩大他的势力范围。

那些有着强烈的支配欲和所有欲的人，他们往往会把脚搁在桌子上和拉开的书桌抽屉上。这一行为可以看做是用自己的脚连接桌子，以扩大自己的势力范围。反之，如果他的下属在他的面前表现出这一姿态的话，他会感到自己的势力范围被侵犯，因而产生极不愉快的感觉。一旦他在初次见面或并不很熟悉的人面前，也把脚搁上桌面或抽屉上的话，难免会被人认为“那家伙真是傲慢无礼之极”。

在腿所表达出的身态语言中，有一点必须留意，那就是架腿的方式。男女的架腿方式有所差别，即使用同一种方式架腿，它所表示的意义也并不一样。

根据调查发现，将一只脚的足踝架在另一只脚的膝盖或大腿上的，99%属于男性；而把两条大腿紧压着上下交叉地架腿的，99%属于女性。从解剖学的观点来看，腿的部位越是往上，越是接近性器官。所以，国外的一些学者认为，大腿是属于带有性意识的敏感部位。

总之，就身态语言来说，腿部的动作往往极具性方面的暗示。所以女性是极少采用架腿方式的，尤其是穿着短裙的女性，如果她不是故意要挑逗异性，是绝不会这样表示的。而采用双腿用力紧压式的架腿方式，具有防御他人的侵犯、保护性的贞洁的意味。

也有的人坐在椅子上，一只脚翘起来横跨在椅子扶手上。这种姿态看上去似乎很轻松，要是你以为这表明他开放而又乐于与人合作的话，就大错特错了。摆出这种姿势的人，对他人漠不关心，甚至还有点敌意。空中小姐深有感受，凡是采用这种坐姿的男性旅客，经常是最难服侍的人。在商业上，在买方和卖方之间，买主也会在自己的办公室中摆出这种姿态，以表现他优越的主宰地位，上级也会在下级面前以这种坐姿来体现他的权威。

另有一种人往往会分开双腿面向椅子背倒坐，这种姿势和把脚搁在办公桌上一样，通常发生在上级和下属之间，以表示他的统御权。采用这种坐姿的人，不管他表面上看起来是多么友善，事实上可能并非如此，因为这种姿态表明他富于统治性和侵略性。

双方处于激烈竞争的时候，一方或双方会不由自主地架起二郎腿。有位棋手，每当他在比赛中举棋不定时，总会不知不觉地架起腿来。对一个棋手来说，这种姿势是极不方便的，因为每次轮到他走棋时，必须放下脚，然后倾身向前下棋。当他走完一步棋，又会依然故我地架起腿。放下再架起，架起再放下，一直要反复到他感到自己稳操胜券时，才安安稳稳地把双脚放到地板上。

下棋时是这样，谈判时也是这样。当问题被提出来讨论时，或者发生激烈的争论时，谈判的一方或双方总会把腿架起来。若双方放下了架起的腿，身子向前倾移的话，则意味着谈判将顺利达成协议了。一旦对方交叉着架起腿，就是向你发出了要和你竞争、向你挑战的信号，这时，你必须提高你的警惕性，集中你的注意力，以免大意失荆州。

从脚部动作看心理

脚是人们交往过程中比较容易忽略的环节，但心理学家认为，脚的动作也是身体语言的一种，而且这种语言比其他形体语言更丰富、更真实。下面我们就来分析一下人们常见的脚的语言。

（1）某人两只脚踝相互交叠，你就应注意此人是不是正在克制自己，因为人们在克制强烈的情绪时，会情不自禁地将脚踝紧紧交叠。交易场上或其他社交场合中，当一个人处在紧张、惶恐的情况下，往往会作出这种姿态。有些害羞的女孩子见到陌生人时，较常摆出这种姿势。

（2）在谈判时，当对方身体坐在椅子前端，脚尖踮起，呈现殷切的姿态时，这就是愿意合作的表示。这时善加利用，双方就可能达成互惠的协议。当你与一个人谈判时，如果发现对方有了这种动作，不妨稍作让步，那样的话，你们的谈判肯定会令双方都满意。

（3）说话时，身体挺直，两腿交叉翘起，这一姿势表示怀疑与防范。所以，在谈判、推销商品或个人交往中，要注意那些“翘二郎腿”的人。而对那些坐在椅子上翘起一只脚横跨在椅子扶手上的人要引起警惕，因为这种人往往缺乏合作的诚意，对别人的需求漠不关心，甚至还会对你带有一定的敌意。

（4）对于家庭里一对夫妇双足交叉的动作要特别注意，因为通过这个动作往往可以看出哪一方是权力主宰。夫妻间的某方先行交叉自己的双足，就表示其在家庭中占有优势。

（5）一个两手插在口袋中、拖着脚步、很少抬头注意自己在往何处走的人往往是心情沮丧的人。

（6）双脚自然站立，左脚在前，左手习惯于放在裤兜里，有这种习惯的人人际关系较为协调，他们从来不为别人出什么难题，为人敦厚笃实。这种男人平常喜欢安静的环境，给人的第一印象总是斯斯文文的，不过，一旦碰上比较气愤的事，他们也会暴跳如雷。

（7）双脚自然站立，双手插在裤兜里，时不时取出来又插进去。这种人比较谨小慎微，凡事喜欢三思而后行。在工作中他们最缺乏灵活性，往往生硬地解决很多问题。他们大都经受不起失败的打击，在逆境中更多的是垂头丧气。

（8）两脚交叉并拢，一手托着下巴，另一手托着这只手臂的肘关节。这种人对自己的事业颇有自信，工作起来非常专心。

（9）两脚并拢或自然站立，双手背在身后。这种人大多在感情上比较急躁，他们与人相处一般都比较融洽，很可能是因为他们很少对别人说“不”。

（10）双手交叉抱于胸前，两脚平行站立的人，具有强烈的挑战和攻击意识。对于年轻女孩来讲，这种姿势不太雅观。

（11）将脚自然站立，偶尔抖动一下双腿，双手十指相扣在腹前，大拇指相互来回搓动。这种人表现欲望特别强，喜欢在公共场合大出风头。如果什么地方要举行游行示威，走在最前面的、扛着大旗的，就是这种人。

（12）喜欢用腿或脚尖使整个腿部颤动，有时候还用脚尖磕打脚尖或者以脚掌拍打地面，这种人最明显的表现是自私，他很少考虑别人，凡事从利己主义出发，经常给周围的朋友提出一些意想不到的问题。

从手部动作看心理

在日常生活中，无论是社交或玩耍中，人们有许多有意或无意识地伸出手来的机会，而专家们研究，从伸手的动作和手掌、手指摊开的情形，可以看出一个人的性格与心理。

1. 伸手时，把手摊得大大的人

为人爽直，一般想到哪里就做到哪里，精力充沛，胸襟豁达，不计较小事；不怕失败，即使跌倒了，爬起来也很快。

2. 伸出手时五指并拢的人

多为做事一丝不苟、注意礼貌、凡事循规蹈矩的人，但是往往会因谨慎过度而耽误大事；在交友方面也一样，由于不肯推心置腹地与人交往，所以往往交不到好朋友。

3. 伸出手时五指微张的人

个性诚实稳重，有强烈的责任感。但是，从另一个角度看，具有胆小、跟不上时代的缺点。

4. 伸出手时四指并拢、大拇指单独分开的人

多属出色的社交家，他们往往富有机敏性，能够把握住良机，并且善于运用钱财。

5. 伸出手时食指和拇指留有间隙、其余手指并拢的人

自尊心强，喜欢强调自己的主张，讨厌受到别人的批评，这种人往往居于领导地位。

6. 伸出手时中指与无名指之间有间隔的人

做任何事情都保持着愉快的心情，遇到困难也能设法克服。

7. 伸出手时无名指与小指之间有间隔的人

不喜欢受到他人的束缚，有独立自主的意识，并且做任何事情都会未雨绸缪。

8. 伸出手时手指稍微向内收缩的人

经济思维非常发达，比较吝啬，属于吝啬型的人物。

9. 伸出手时五指全部往外弯成弓状的人

感受性很强，学习能力亦佳，而且点子很多。

10. 伸出手时手指不弯曲、全部伸直的人

比较感情用事，具有丰富的情感，做任何事都有始有终，绝不会半途而废、虎头蛇尾。

11. 手指非常坚硬又比较短小的人

比较谨慎，想法也比较偏颇，并欠缺通融性。

12. 各指都偏向中指的人

一生都很忧郁，是个悲观主义者。

一分钟心理指南

神经质气质

这种气质的人大都神经过敏，感觉比一般人灵敏，比如能听到别人不易听到的极其微弱的声音。在感情上易于感受别人的关怀或冷漠，并常常牢记在心。往往自卑、胆怯、小心谨慎、强迫症明显，一般都是“完美主义者”，希望自己能把每一件事都做得完美无缺，一旦不如所愿，就会丧失信心，产生自卑感。他们善于批判自己，但批判过度了，就只会增加心理上的压力，带来更多的烦恼。强迫症是他们典型的表现，他们自己也知道那样做不好，但又禁不住要那样做，无法控制自己，这是他们最不利的方面。德莱姆的《电影院》就用绣花针一样的笔触精心还原出了神经质气质的细微心理感受：“去电影院，并不是真正的出路。你勉强地与他人为伍。重要的是，进入大厅时所感受到的那种舒适的漂浮状态。影片还未开始放映，一种类似水族馆里的感观在筛选着此起彼伏的交谈……”在他的笔下，“电影院”传达出神经质气质的人常有的那种微不足道的忧郁或伤感。

从腕部动作看心理

腕部是连接人的手掌与胳膊下端的部位，现代人多在此佩带手表或其他饰品，例如手镯、手链等，也有少数的人在此部位纹饰上各种图案。

手表以戴在左手腕为常见，这符合大多数人的习惯，他们用右手做事，左手起辅助作用，在左手戴手表不妨碍做事。极少数人喜欢戴在右手上，他们或是一时来了兴致，想尝试一下这样的戴法，或是为求标新而故意戴到右手上。总之，手表以戴在左手上为常，以戴在右手上为异。作为男性来说，手表的表面以朝向外侧即手背方向为常，这也表现了男性的开放、外向和不拘谨的特点。女性可以将表面朝向内侧，即手心的一侧，这给人一种文雅、矜持和稳重的感觉。一般情况下，女性也可将表面向外戴，而男性绝少将表面向内戴，这样的男性会被认为有某种女性化的倾向。

女性还可以显露腕部来示爱。根据研究，显露腕部柔软细腻的皮肤，是大多数女性用以讨人喜欢的一种方法。很久以来，西方人就有一种观点，认为腕部是人体最容易引起异性喜欢的部位之一。在面对面的交谈时，女人们喜欢让自己所爱慕的异性看到她们的手掌和腕部。会吸烟的女性在吸烟时也经常故意显露出她们的腕部，但那更多的是为了显示一种优雅的姿势。

扼腕是以一手握另一只手的腕部，多表示叹息、惋惜，中国古代经常使用“扼腕叹息”“扼腕不止”等说法，表示的就是这样的意思。

这种手势也同人的自我控制意识有关。人的情绪十分激动时，手经常会有所动作。当人在内心感到叹息时，为了控制手的动作，不至于作出出格的举动来，手就不自觉地对手腕进行控制。这种“扼腕”的手势就可以看做是该控制行为的外在表现。

此处无声胜有声

很多人不知道的是，身体语言能比有声语言传递更多的信息，因此，对于了解别人和表现自己，身体语言都是很重要的部分。

人类的沟通更多的是通过他们的姿势、仪态、位置以及同他人距离的远近等方式，而不是面对面的交谈进行的。确切地说，65%以上的人际交流是以非语言方式，也就是通过身体语言来完成的。这听起来似乎有些令人难以置信。“难道我们每天滔滔不绝地大侃还不如一举手一投足有用吗?”但这是事实，是行为心理学家们的共识。

与口头语言不同，人类的身体语言的表达大多是下意识的，是思想的真实反映。人可以“口是心非”，但不可以“身是心非”。据说，公安机关使用的测谎仪依据的就是这个原理。

某公司企划部经理的秘书小琴拿着一份文件去请经理批阅。打开文件夹时，她不小心碰翻了经理的茶杯，茶水淋湿了经理的裤子和地板。她一下子吓呆了，不知所措地等着新来的经理大发雷霆。可经理一句话也没说，只是狠狠地瞥了她一眼，并示意她出去。

就在两个月前，小琴曾因打翻了前任经理的笔筒而遭到训斥。当时，小琴一声不响，低着头听凭经理训斥，走出办公室后一身轻松。而这次，新任经理什么都没说，只是狠狠地瞥了她一眼。她走出经理办公室后，心里反而感到忐忑不安，一会儿担心扣发奖金，一会儿又担心调离岗位。

为什么发脾气的经理不能使她害怕，反而不发脾气、仅仅瞥了她一眼的经理使她害怕呢?

从心理学上讲，这是因为前任经理采用的有声语言已经把自己的坏心情传达出来了，态度也表明了；而新任经理采用的“身体语言”只表示了他的不满，却没有表明要怎样处理，这种悬念反而让人担心。

不仅仅是语言可以表现一个人的心态，身体语言在很多时候要比语言诚实得多，或者效果要更强烈。通过观察一个人的身体语言，你能了解到这个人的许多东西，发现这些有趣现象背后的“秘密”。

眼睛能够暴露一个人心中最大的秘密。不管他的嘴在说什么，他的眼睛都会告诉你他正在想什么。如果瞳孔扩大，眼睛大睁，表明他听到了什么令他高兴的事，或者你说的话使他感觉良好；如果瞳孔缩小，就表明情况正相反。如果他的眼睛眯缝起来，那就表明他不太相信。

而当一个人说假话时，他总是不敢正眼视人，以掩饰内心的虚假。如果他只抬起一个眼眉，那就表明你告诉他的话，他不相信或认为不可能。两个眼眉同时抬起表示惊讶。如果他一边说他已理解了你的意图，一边摸鼻子或拉耳朵，其实表明他被你说的话弄糊涂了，很可能根本就不清楚你在说什么。一个人说假话时，除了不敢正眼视人外，就是不自觉地触摸自己的鼻子。如果他向下紧皱额头，表明他没有听明白或不喜欢你说的话。如果他向上皱起额头，表明他对你说的话感到惊讶。用手指敲打坐椅的扶手或者是写字台桌面，表示他心绪烦乱，很不耐烦。双臂交叉搭在胸前，通常表示他不愿意和别人接近，或者表示他很戒备，至少可以说在心理上他想离开你远一点。

英国心理学家莫里斯经过研究，发现一个有趣的现象：“人体中越是远离大脑的部位，其可信度越大。”脸离大脑中枢最近而最不诚实。我们与别人相处，总是最注意他们的脸；而且我们也知道，别人也以相同的方式注意我们。所以，人们都在借一颦一笑撒谎。再往下看，手位于人体的中间偏下，诚实度算中等，人们多少利用它说过谎。可是脚远离大脑，绝大多数人都顾不上这个部位，于是，它比脸、手诚实得多。

如果你希望给别人好印象，就必须控制自己那些负面的身体语言。在说话时，要对自己的手势、姿态保持警觉。避免行为和言语出现矛盾，让别人产生不信任甚至是敌意。

以身体语言表达自己是人的一种能力，通过身体语言了解他人是一种本能，是一种可以通过后天培养和学习得到的“直觉”。例如，在报告会上，如果台下听众耷拉着脑袋，双臂交叉在胸前的话，台上讲演人的“直觉”就会告诉自己，他的讲话没有打动听众，必须换一个说法才能吸引听众。

第十章
如何识破别人的谎言

谎言可能有一千张面孔，但它却只有一个身躯：欺骗。要摆脱受它欺骗的局面，唯一有效的办法就是撕开其伪装的面孔，让它虚假的面目暴露出来，然后像穿越纸墙一样，径直破墙而过。

说谎是弱者的策略

说谎总是弱者的策略。强者则敢于面对事实，讲出真相。因此，一个需要掩饰的人，其内心一定有软弱之处。

说谎的人本身就是一个弱者。假如一个人具有深刻的洞察力，随时能够判断什么事应当公开做，什么事应当秘密做，什么事应当若明若暗地做，而且深刻地了解这一切的分寸和界限，那么这种人是有智谋的。而对于这种人来说，说谎不仅不必要，而且足以成为一种弱点。但对于一个不具备这种洞察力的人来说，他就不得不经常依靠诈术欺骗人，从而成为一个骗子。

欺人之术有三种。第一种是沉默。沉默就使别人没有探悉秘密的机会。第二种是消极地掩饰。这就是说，只暴露事情中真实的某一方面，目的却是掩盖真相中更重要的那些部分。第三种是积极地掩饰，即故意设置假相，掩盖真相。经验表明，善于沉默者，常能获得别人的信任，因为没有人愿意对一个长舌人披露内心的隐秘。

一个善于沉默的人，常显得有尊严。所以说，善于沉默是一种修养。我们可以发现，那些饶舌者都是空虚可厌的人物。他们不但议论知道的事情，而且议论他们所不了解的事情。还应当注意，在观察人的时候，最微妙的莫过于注视他的嘴部线条，表情是内心的显露，其引人注意和取得信任的力量甚至超过语言。

装假有时是必要的，尤其在一个人对某事知情，却又不得不保持沉默的时候。因为对于一个可能了解内情的人，关心的人一定会提出各种问题，设法诱使他开口。许多人之所以说假话，有时正是为了保持必要的沉默而不得不穿上一件罩衣。

经常作伪者绝不是高明的人，而是邪恶的人。一个人起初也许只是为了掩饰事情的某一点而作一点伪装，但后来他就不得不作更多的伪装，以

便掩盖与那一点相关联的一切。作伪的需要来自以下几点：第一是为了迷惑对手；第二是为了给自己准备退路；第三是以谎言为诱饵，探悉对手的意图。正像人们所说的那样：说一个假的意向，以便了解一个真情。

但作伪有三种害处。第一，说谎者永远是虚弱的，因为他不得不随时提防被揭露。第二，说谎使人失去合作者。第三，这也是最根本的害处，说谎将使人失去人格——毁掉人们对他的信任。

因此，比较明智的做法，就是努力保持正直、真诚，养成善于保持沉默的作风，又掌握掩饰真情的适当分寸。

说谎者常见的小动作

在社交场合中，你也许有幸能看到说谎者。当然，当时你并不知道他在说谎，除非谎言当场被揭穿。然而这种情况很少见，大多数人是在事后才知道，那是因为谎言已显现出来了。而在当时，你是毫无防备的。也许说谎者惯于此道，让人信以为真，但是，总有一些动作或手势显现出他（她）刚才说了谎话，只是你没有留意观察而已。

1. 掩嘴

用拇指触在面颊上，将手遮住嘴的部位称做掩嘴，这是一种明显的孩子气的动作。也许说谎者潜意识中想忍住那些欺诈的语言，从而导致了掩嘴这一动作。还有人假装咳嗽来掩饰其捂嘴的动作。如果一个同你谈话的人常伴有掩嘴的手势，说明他也许正在说谎话。可当你讲话时，如果听者掩着嘴，说明听者也许觉察到你在说谎话。

2. 揉眼睛

说谎者为了防止别人看出其虚假的表情，常用这种手势掩饰自己。说谎时，男人一般用力揉眼睛。如果说了大谎，他讲话时经常会向别处看，通常会向地板上看，女人说谎时通常轻揉眼睛稍下的部位。

3. 挠脖子

说谎者讲话时常用写字的那只手的食指挠耳垂下方部位。有趣的是，通常要挠上五次左右。

4. **摸鼻子**

这种手势是老练、乔装的形式。摸鼻子手势包括在鼻子下方揉几下，或者很快地揉一下，甚至摸鼻子也摸得特别快，几乎不容易察觉到。有一种对摸鼻子手势的解释是：当相反的想法进入脑子时，潜意识就会指令手去掩嘴。然而在掩嘴的最后时刻，为了使动作不明显表现出来，手又不知不觉地离开面部，快速摸鼻子就这样形成了。

5. **搓耳朵**

这种手势常暗示着听者没有听出谎言。搓耳朵的变化形式还包括拉耳朵，这种手势是小孩子双手掩耳动作在成人动作中的一种重现。搓耳的说谎者还会用手拉拉耳垂或将整个耳朵朝前弯曲在耳孔上，后一种手势也是听者厌烦了的标志。

在错综复杂的人际关系中，这几种小动作虽不是判定谎言的直接依据，但是起码能给你识人作为一种参考。

从面部表情看穿谎言

人的面部表情可以说实话也可以说谎话，而且常常是在同一时间内既说实话又说谎话。在社会生活中，人们时常利用面部表情作为掩饰和伪装其真实思想感情的“面具”。例如，因违章而受到交警训斥的司机，为了避免把事情搞得更糟，往往故作笑脸，表现得服服帖帖；一对正在家中相互赌气的夫妻，一旦有贵客来访，便会装出没事的样子，笑脸相迎。由于面部表情动作生物性与社会性的两重性，它既包含了情不自禁的表情，也包含了有意控制的表情。就前者而言，可以看到真实的表情；就后者而言，可以自觉地对面部肌肉加以控制，从而以虚假的表情来干扰真实的表情。

1. **可靠肌肉**

许多人虽然不能故意地把嘴角往下拉，但是在觉得悲伤、忧愁的时候，其嘴角却会自动下拉。正因为这一类面部肌肉难以用意志加以控制，所以情绪心理学家称其为“可靠肌肉”。

“可靠肌肉”的主要活动地点是额头。当人们悲伤、忧愁、焦虑以及产生负罪感时，面部最引人注意的是额头，其余部分常常没有特殊的表情动作。

当人在害怕、着急、生气之时，眉毛会奇特地扬起，上眼皮会抬起而且拉紧，扬眉常可以作为感叹和惊奇的信号，或者作为不相信和有所怀疑的信号。

伤心时嘴角下撇，欢快时嘴角提升，委屈时嘴巴微撅，惊讶时嘴巴张开等等。其中，生气时最容易辨别的印迹就是嘴唇变薄，即可以看到的嘴唇红色部分会减少，但嘴唇并不会萎缩或压紧。假装生气而产生的嘴唇变薄，往往是故意压紧嘴唇所造成的。

2. 瞳孔变化

瞳孔的大小变化也反映情绪的变化。当情绪激动时，瞳孔就会扩大，这种情形是说谎者自己无法控制的，而且说谎者往往也不会想到要花精力去防止或掩盖这一泄露秘密的印迹。当然，瞳孔扩大只表明情绪激动，但究竟是什么样的情绪却不能仅由此得出结论，必须具体情况具体分析。

3. 注视方向

眼睛的注视方向或视线能反映出人的心情和意向。例如，在社交场合，地位不同的人，其注视方向就有明显不同，小人物总是倾向于注视大人物，而大人物则习惯于忽视小人物。比如一个和善顺从的小人物走进会场，他的眼光会先逡巡全场，然后盯住那些大人物瞧。每当谈笑、争议或表示个人意见时，小人物的视线总会瞟向大人物，以观察其反应；而大人物在谈话时则明显自顾自，只注视自己感兴趣的对象。不过在质问时，大人物会直视对方，而小人物则往往不敢回以正视，回答时视线不住地往下低垂或望向别处。

在通常情况下，眼睛的注视方向及其停留时间所流露的信息主要有：

眼对眼的长久凝视只发生于强烈的爱或恨之时。与人交谈时，视线接触对方脸部的时间通常占全部谈话时间的30%～60%。超过这一平均值时，常可被认为对对方本人比谈话内容更感兴趣；低于此平均值者，则表示对谈话内容和对方本人都不怎么感兴趣。

视线停留在对方两眼与胸部之间的▽形区域，表示亲密注视；视线停留在对方两眼与嘴部之间的▽形区域，为社交注视；视线停留在对方前额与双眼之间的△形区域，则为旨在造成严肃气氛的注视。

回避对方的视线常表明不愿被对方看穿自己的心理活动，或心虚，或害臊，也可能是厌恶、拒绝。

偷偷地看人一眼又不想被发觉，等于是在说："我不敢正视你，但又忍不住想看你。"

歪仰着头、乜斜着眼睛看人，是一种盛气凌人或满不在乎的表示，其意思等于是说："你算老几?"或者"你能把我怎么样?"

视线闪烁不定或左顾右盼，常产生于内心不稳定或不诚实之时。

眼睛不住地朝地下看，常产生于心情沮丧或悲伤之时。

说到测谎，人们注意得最多的是"正视"。人们总是怀疑那些不敢对自己正眼相看的人，认为他们必定有某些事情需要加以掩饰。说谎本身就会使说谎者处于一种紧张状态，而视线与对方相对，看到对方那怀疑、探究的目光，则更会引起心理紧张的加剧，因此说谎者会本能地回避与对方的视线相接触，以降低紧张程度。

4. 眨眼频度

人通常每分钟眨眼5～8次。眨眼这个动作是一种身不由己的反应，此外，当人的情绪产生波动时，眨眼的动作就会明显增加。

如果眨眼的时候眼皮不是立即回收，而是闭上长达1秒钟或1秒钟以上，就成为闭眼。这种闭眼动作是下意识的，当事人自己很难意识到，它表示厌烦、不感兴趣或藐视、蔑视等意思，而且不同程度地暗示出当事人高人一等、目中无人的消极态度。在社交场合有这种习惯的人，往往是性情高傲或孤芳自赏者。

5. 肤色变化

面颊的颜色会随着情绪的变化而产生相应的变化，其中最明显的是变红和变白。

人们最常见的面颊变红经常出现在害羞、羞愧或尴尬等情形中，脸红也是愤怒的表示，愤怒时，面颊瞬时转为通红而不是由面颊中心慢慢扩散开来。

当愤怒中的人们想极力抑制自己的怒气，克制自己的攻击性冲动时，其面颊肤色会变得苍白；当人们处于惊骇的情绪状态下，面颊肤色也会变得苍白。

6. 表情时间

表情的时间长短也可反映出说谎的印迹。它具体包括以下三个方面：表情的停顿时间、起始时间（开始变化时所花的时间）和消逝时间（表情消失时所花去的时间）。

停顿时间长的表情很可能是假的，比如10秒钟或10秒钟以上的时间，甚至是停顿5秒钟时间的表情也可能是不真实的。除了那种极其强烈的情绪感受，比如欣喜若狂、勃然大怒、悲痛欲绝等之外，自然的表情都不会超过4~5秒钟；即使是非常激动的情绪，其表情也不可能持续太久，而是一阵阵地、短暂地出现。只有象征性表情和嘲弄式表情是长时间地存在着的。

起始时间和消逝时间的长短没有固定的标准，如果惊讶的表情是真的，则可能起始时间、停顿时间与消逝时间都很短，加起来还不到1秒钟。如果这种表情的时间很长的话，就有三种可能性：一是嘲弄式惊讶，亦即故意装出惊讶的表情来嘲弄对方；二是装出惊讶，即没有受惊却故意摆出惊讶的样子来；三是象征性惊讶。虽然大多数人都知道怎样装出惊讶的表情，但是装得极像者非常少，因为自然的惊讶表情起始时间与消逝时间都很短。

察言观色识破谎言

俗话说，放屁脸红，做贼心虚。通过察言观色，可以判断一个人是说谎话还是说实话。

日常生活中，就人与人之间的沟通和了解而言，身体语言和自然语言有明显的差异。身体语言常常会在不知不觉中反映出人们最真实的感觉和最内在的需要与渴望，因此，对身体语言的仔细观察，不仅有助于对自然语言的理解，同时还能真实地发现说话者不肯在言谈中直接透露的实情。这种情况的存在为我们透过语言了解说谎者的内心提供了可靠的依据，我们可以从说谎者身体透露出来的蛛丝马迹发现说谎者隐藏的目的。

说谎的人说话时总是扯开嗓门，慢条斯理，他们还会出现口误，重复句子，改变话题，反复地说“嗯”“啊”“哼”“哈”等。说谎者也总是避免使用事实，而是更多地用一般的语言，并且常常在谈话中卖关子以减少露馅的可能性。说话的速度也可以提供线索，但是通常是以不同于这个人平常说话的方式出现的。一般说来，着急的、说话快的人在说谎时，由于着急加剧，往往会放慢说话的速度，而那些通常不着急的人在说谎时，一般会说得比平时快。

据说，人在说谎时很少笑，如果他们笑了，那也是非常勉强的，是挤出来的笑。这种笑出现得比较快，持续的时间也比较长，并且以不规则的方式消失。识别假笑的另一种方式是寻找眼睛与嘴巴之间的不协调，因为一个说谎的人无论如何都无法迫使眼睛发笑。

手是人的另一张面孔，是发现说谎者的一个非常有用的线索，实验表明，那些被要求去表演自己说谎能力的人常急剧地减少了手的动作。那些想说谎的人由于担心自己的手会泄露他在说谎，便往往试图使自己的手保持不动，或者把它们藏起来。在观察手的时候，还要注意说话人是否不自然地进行自我触摸，如摸鼻子、下巴和嘴巴。通过这种方式，说谎者可以在欺骗他人的过程中得到放松，消除紧张。与手势相伴的是，说谎者往往不停地变换姿态。

除眼睛外，脸部表情是说谎者最容易作伪的部位，这给判断一个人是否有诚意带来了麻烦。因为研究表明，有信任感的听者更多地注意说话者的脸部及其表情，而不是身体的其他部位。因此，既然脸部最难揭露骗局，那么，作为一个持怀疑态度的听者，你应该更多地注意说话者的声音、眼睛和手势。

尽管骗子很懂得心理学，又很会演戏，巧舌如簧，能把稻草说成金条，把死尸说活，把活人说死，伪装得几乎滴水不漏，但是，假的毕竟是假的，只要你注意观察，细加分辨，就会发现，即使在他们精心编织的谎言下，仍有大量的破绽和堵不完的漏洞，任他怎么遮掩也遮掩不住。识破谎言的另一个原则就是认清对方的目的，搞清了他的目的，任他变换什么花招，都不至于上当受骗。

从言谈细节认清谎言

说谎者最为留意的正是说话时言辞或字眼的选择，因为他不可能控制和伪装自己的全部行为细节，他只能掩饰、伪装别人最注意的地方。

由于说谎者懂得人们注意的重点是言辞，因此他们常常谨慎地选择字眼，对不愿说出口的话仔细加以掩饰。他们懂得“一言既出，驷马难追”。

另外，用言辞来捏造或隐瞒一件事情是比较容易的，而且也很容易事先全部写下来进行练习。

此外，说谎者还可以通过说话而不断地获取反馈信息，以便及时修改自己的“台词”。

1. 口误、笔误

十分令人惊奇的是，很多说谎者都是由于言辞方面的失误而露馅的，他们没能编造好自己想说的话。

即使是十分谨慎的说谎者，也会有失口露馅的时候，弗洛伊德将之称为口误。

人们常会在言辞里违逆己意，以致稍一大意就会说出本不想说的或相反的话，从而在口误之中暴露了内心的不诚实。因此，口误的必然情形便是说话者要抑制自己不要提到某件事或不要说出自己所不愿说的东西，但又因某种原因而“说走了样”。口误可以说是一种自我背叛。

当然，也应注意，许多情况下说谎者并不一定会出现口误。

与口误相近的还有笔误。在很多情况下，笔误也是内心自我的走样的表达方式。

有研究表明，人们在书写时比在说话时更容易发生错误，即使在一些极需庄重、严谨的情形下也概莫能外。

面对书写（印刷）上的错误，人们常常难以确定谁是真正的祸首，尽管当事人多半会以“意外差错”或“技术性错误”等借口来加以解释，然而其中往往潜伏着内心冲突甚至“别有用心”。

笔误产生的原因，是人们在书写的时候，思绪常常会因为内心潜在的思潮而游离笔端，或者联想到其他事情，只要稍不注意，这种思想就会悄然侵入笔端，造成笔误。

2. 声调

在判断一个人说话时的情绪和意图时，固然要听他究竟说些什么，但是在许多情况下更要听他怎样说，亦即从他说话时声音的高低、强弱、起伏、节奏、速度、转折和停顿中领会“言外之意”。

当说谎是为了掩饰恐惧或愤怒之感时，声音通常会比较大也比较高，说话的速度也比较快；当说谎是为了掩饰忧伤的感受时，声音就会与之相反。那种担心露馅的心理会使声调带有恐惧感，而那种“受良心责备”的负罪感所产生的声调效果则会与忧伤所产生的效果极为相近。

不过，声调提高本身并不是说谎的象征，它只是恐惧、愤怒或激动的象征。

与此相应，声调没有提高的迹象也并不意味着没有说谎。

3. 停顿

人在说谎的时候，另一常见的言辞印迹便是停顿，有时会停顿得过于长久或过于频繁。

产生这类说谎印迹的原因主要有两个。其一，说谎者可能事先未准备好“台词”，因而会在临场时产生犹豫或错误。其二，即使说谎者已经把“台词”准备得很充分，也可能会由于担心露馅而临时怯场，忘了所编的“台词”，或者由于意外事件的干扰而产生了情绪波动和思维混乱，一时忘了前后“台词”间的联系。如果是既准备不充分，又加上怯场，就更容易频繁停顿或犯错误。而由于意识到自己不断出错，说谎者就会更加紧张，生怕别人会揭穿他，这样就会进一步造成不断的停顿和不断的错误了。

谎言是欲望的折射

说谎是人类社会普遍的现象，它有比较复杂的心理原因。有的是欺骗，有的是权宜之计，有的是善意的，有的则是心理变态的结果。

说谎是生活中很常见的现象，往往被认为是不体面的事情。说谎背后的原因有很多，并不像表面看起来那样简单，而且并不是所有的谎言都是恶意的。对于谎言的评判既有道德标准，也有功利主义的标准。其实谎言本身谈不上什么善恶，要看具体的情况来判定。

有一个人想拜见县官求个差事。为了投其所好，他事先找到县官手下的人，打听县官的爱好。他问县官的随从："不知县令大人平时都有什么爱好?"县官手下的人告诉他说："县令无事的时候喜欢读书。我经常看到他手捧《公羊传》读得津津有味，爱不释手。"这个人把县官的爱好记在心里，满怀信心地去见县官。

县官问他："你平时都读些什么书?"他连忙讨好地回答说："别的书我都不爱看，一心专读《公羊传》。"县官接着问他："那么我问你，是谁杀了陈佗呢?"这个人其实根本就没读过《公羊传》，不知陈佗是书中人物。他想了半天，以为县官问的是本县发生的一起人命案，于是吞吞吐吐地回答说："我平生确实不曾杀过人，更不知有个叫陈佗的人被杀。"

县官一听，知道这家伙并没有读过《公羊传》，便故意戏弄他说："既然陈佗不是你杀的，那么你说说，陈佗到底是谁杀的呢?"这人见县官还往下追问，更加惶恐不安起来，赶紧借故溜走，连鞋子也来不及穿。别人见他这副狼狈模样，问他怎么回事，他边跑边大声说："我刚才见到县官，他向我追问一桩杀人案，我再也不敢来了。等这桩案子搞清楚后，我再来吧。"

故事中的主人公，可笑之处就在于他的谎言露出了马脚。由此可见，撒谎是一件不体面的事。

生活中的谎言大多为我们所憎恶，因为许多谎言给我们造成了物质和精神上的损害。比如生活中有许多骗子，他们凭借三寸不烂之舌，施展骗术，诱我们上当，最后让我们叫苦不迭。但这只是谎言中的一种，实际生活中发生的谎言种类很多，情况也很复杂。

撒谎并不都是为了获得什么具体的利益。有一种谎言属于病态的谎言，即为了撒谎而撒谎，或者说为了撒谎本身的乐趣而撒谎。这种人说谎完全是由于他的性格造成的，即属于典型的歇斯底里型的人。歇斯底里的一个特征就是极其希望引人注目和获得他人的赞赏，因此，他们就利用说谎来达到自己的目的。很多情况下，他们的谎言还不会一下子败露。听话的人当时觉得很不错，说谎的人就会因此而获得一种满足感。他们根本没有意识到自己是在骗人，只要能赢得他人的注目和赞扬，他们一点儿也不在乎当时说些什么。

有时候谎言是不得不说的，也没有什么恶意，比如客套话。这种虚伪是社交中必要的，是人际关系不可或缺的润滑剂。例如：如果有人要求见你，而你却因某种原因不想见他，但你如果直截了当地说出真心话，肯定会刺痛对方的自尊心。你只能编出一套理由来："真抱歉，今天开会没时间，而明天我又要到外地去出差。回来后一有时间，我马上与你联系。"

有的谎言对对方是有利的，因而可以说是善意的。比如医生知道病人得了绝症后，不告诉病人实情，这是为了避免病人因心情变化而导致病情恶化。

有的谎言是欲望折射的一种形式。当欲望十分强烈时，即使受到压抑，它也会反复与意识发生撞击。烟瘾很大的人，无论如何都难以将烟戒掉。但他自己经常考虑的却是怎样戒烟，而且还经常规劝别人，说吸烟害处有多么多么大，不吸烟是多么多么幸福。其实，他的吸烟欲望只是被深深压抑在意识底层，必须拐好多弯才能体现出来。在此，他们表现欲望的方法便是欲望的折射。例如，利己主义者为了让别人信任自己，经常要成为一个慈善家；残酷至极的人对小动物很有兴趣，甚至连一只小虫子也不忍心杀死；讨厌孩子的母亲却要给孩子过分的疼爱，自己成为老处女的教师对女学生的要求过分严格……这些都是欲望的折射。

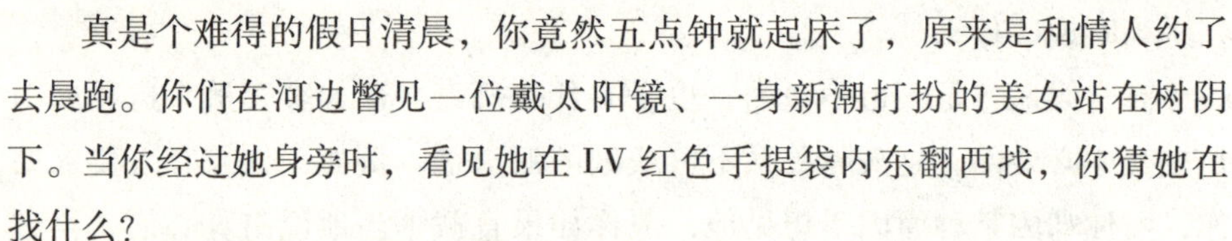

测一测你的观察力

【测试目标】

在社交场上，你打算结交什么样的人，以及怎样去交结这个人，这是性格所决定的，因人而异。这就需要一种观察力。你具备这种观察力吗？测试一下吧。

【测试条件】

真是个难得的假日清晨，你竟然五点钟就起床了，原来是和情人约了去晨跑。你们在河边瞥见一位戴太阳镜、一身新潮打扮的美女站在树阴下。当你经过她身旁时，看见她在LV红色手提袋内东翻西找，你猜她在找什么？

A. 面纸　　B. 化妆品　　C. 钱包　　D. 小镜子

【测试结果】

A. 你的观察力不错，由于你是个十分注重礼仪的人，所以你能由对方的一点小动作，推出他人的企图及动机。

B. 你的观察力十分敏锐，你通常猜测事情八九不离十，然而你的缺点是太爱探测他人的隐私，真正该关心的事物反而不注意，往往会导致你在做事时忽略了重点。

C. 一群人一起出去玩时，最能发挥你的敏锐观察力了，因为你很怕大家都不付账，于是乎你会一直注意他人有没有掏钱的动作，若无人有付账的意思，上厕所或出去打个电话，就是你的逃避借口。

D. 你的观察力很差，因为你很注意表面工夫，在乎外表是否得体，所以你对他人、对事物的反应力更是差得无人可及，你这种人最容易吃亏上当。

【测试评说】

所谓观察力，其实很多时候就是一种测试。因为你不可能看到一个人的内心，但你可以通过一个人的言行举止和你能观察到的许多习惯，来“猜测”他的内心世界。从某种程度来说，这个“猜测”就是“测试”。一个人不知不觉中被你测试了。

于是说：多一点测试知识，也就多了一点社交场上的空间。

家庭篇

第十一章
缔造美满姻缘的心理守则

爱是不能单向索取的。你不能斤斤计较，男人给了你多少，你再视情况给他多少“爱”。聪明的女人应该是个调配爱情的高手，你只要怀着浓烈的爱心，不求索取地体贴自己的男人，反而容易激起他对你更大的回报。

爱情需要悉心创造和维护

爱情给我们带来的欢愉是无与伦比的。不过，要获得爱情，就必须付出精力和行动。良好的爱情关系不是自然产生的，它需要人们有意识地努力和行动，只怀有良好的愿望是不够的。为了发展、丰富和充实爱情，必须采取更为主动、更为积极的态度。爱情要求人们清楚地知道怎样才能使所爱的人幸福，那就是怀有一颗忠诚的心，并能够真诚地奉献。最重要的是：爱情需要自觉自愿、轻松愉快地采取行动。没有行动而只有空谈甚至是抱怨、责备，双方就会渐渐地产生反感，最终导致爱情关系的毁灭。

爱情关系的发展绝不取决于命运，而是由拥有爱情的双方对爱情不断作出的承诺所控制的。在建立爱情关系的初期，人们能清醒地了解自己的所作所为。但是，尽管怀有良好的愿望，随着时间的推移，不少人变得懒惰起来，人们对自己的行为变得不敏感甚至是麻木了。爱情关系不是一成不变的：不是朝着加深的方向发展，就是朝着破灭的方向发展。

相爱的双方在爱情关系中所负的责任是不能间断的，因为爱情就是一种感觉，一种连续不断的、温暖的、充满活力的感觉。你应该主动采取强有力的措施，以决定爱情的命运。这样，你就不再是一个爱情行为中的被动者，而是积极地追求爱情的人。

此外，要建立一种强大的、持久的爱情关系，对于变化采取积极的态度是非常必要的。有些夫妻在爱情中遇到不少困难和障碍，其原因常常是他们顽固地抵抗爱情中应有的变化。他们害怕他们的爱情不够强韧、不够持久，不能对付无法预测的变化所带来的消极后果。但是，真正的、持久的爱情关系应该有足够的灵活性，用现实、积极的态度欢迎爱情中的变化。

随着时间的推移，爱情关系在不断地变化和更新。在爱情的初期，时时能体验到令人振奋的美妙感觉。在这个阶段，人们并不惧怕变化，因为人们渴望发掘所爱的人的所有的新的特点。接着，令人焦虑的事情发生了：爱情关系达到了完美的境界，双方再也不想改变了。从这时开始，对爱情的新鲜感逐渐消退。但是，如果对于爱情中的变化持一种接受的态度，你就会不断地体会到爱情带来的新鲜的活力。

必须正确地对待种种变化，一方面是我们自身的变化，另一方面是情人的变化。既不能惧怕自身的变化，也不能惧怕情人的变化。应该相信你的情人能够正确地对待你的变化，他对你的爱和信任足以抵消由于你的变化而带来的新问题，甚至是不快和恐惧。同时，当你发现情人的变化时，你也应该给予理解、尊重和自由。

人们在爱情关系的变化中，经历情感上的波折是必然的。一方面，它使人们产生不适应感；但另一方面，它又冲击了在长时间的夫妻关系中产生的厌倦感和陈旧感。爱情关系处于低潮并不意味着爱情关系已经无法挽救，即使是最完美的爱情关系，它也有困难的时期。爱情关系中的困难或低潮的出现，要求双方以灵活、积极的态度去对待。

别让“痒”变成“痛”

人们常说“七年之痒”，它指的是婚姻的危险期，但是对大多数谈恋爱的人来说，一年之痒却是经常发生的事。

在恋爱方面，五十二周的时间使你足以看到他的缺点，了解到他是否体贴、大方，是否有才华和有积蓄，你更可了解到何事使他高兴或悲愁。最重要的是，你知道你们是否相配。如果你感到不满，一年后爱情便亮起红灯。但是，关系未必就此完蛋，你可注意一些事项，使婚姻更巩固。

1. 幽默感

你和他一起笑过吗？在男女关系中，幽默感是很重要的。风趣的男人很有吸引力，幽默感使生活充满乐观、和谐的气氛，因而可使爱情坚固。

说笑是一回事，而恶作剧又是另一回事。你害怕蜘蛛，他却抓一只放在你的头上哈哈大笑，可以肯定，你和他相处下去会发疯。你们一起笑，才是真正的幽默感。

2. 性的一致

你们的进展怎样呢？对大多数人来说，一年足可了解到你们的性是否一致。如果除了卧室他从不带你到别处，很明显，他只对这件事感兴趣。如果他无兴趣使你也得到乐趣，这是件可怕的事。他不能领会“互相满足”的想法，以后他也不能。

但是，如果他温柔、体贴、可爱，而你没有达到高潮，你会给他不及格的评分吗？答案是，还不能这样做。女性需要有安全感，性才开放，而安全感需一年多才形成。

3. 共处的时间

你们共处的时间多吗？如果他在周末常去看足球比赛，或在下班后先上酒吧然后才回来，很明显，他没有将你摆在首要的位置。

在头一年，你们应该共度周末，至少共度大多数的周末，并互相了解各自度周末的计划。

4. 信任

信任是爱情关系中最重要的，它需要时间才可以建立起来。在头一年中，你需要知道，你是否信任他。他独自外出，你能相信他没有背着你干一些不正当的事？

如果他在头一年便瞒着你做某些事，以后他会变本加厉。他不想让你知道，便瞒着你。对你来说，这是非常危险的。如果你对他存在怀疑，就可暗地收集一些证据，看看这是否属实，然后决定应采取的步骤。

5. 习惯

你能忍受他的怪癖吗？在一年的时间里，你应该看清他的为人。现在，他可能变成和你初识时完全不同的人。那时，他爱戴绅士帽，但是，他戴帽的习惯和你初见时他常打嗝的习惯一起消失了。这当然不错。要记住的是，令人讨厌的习惯会变得越来越厉害。

如果他的习惯令你烦恼，你需要从长远的观点考虑。如果你感到和他生活快乐，通常你就要忍受他的缺点。如果讨厌他挖鼻孔，你就要试着接受他。而酗酒、吸毒、赌博、嫖娼等习惯，你当然忍受不了，只有和有这些习惯的男人一刀两断。

6. 朋友

共同拥有同一圈子的朋友，对维持关系有很大帮助。如果你们喜欢同一类的朋友，这是你们一致的好现象。然而，如果他和他的朋友在一起的时间比和你在一起的时间还多，这就表明，你们的关系不稳定。

如果你们不喜欢对方的朋友，情况更不好。你不会喜欢他的消遣活动。但是，如果你真的不喜欢他的大多数朋友，你就要自问原因，可能是你不喜欢他的一部分性格。他和他的朋友毕竟有共同之处，否则，他和他们做不成朋友。你们应该商谈保持各自交朋友的方式，以免对双方不利。

7. 志向

你的志向和他的相投吗？一年了，你们应该交谈你们的希望、梦想和担心，并且了解相投的是什么。

不可否认，志向相投有利于爱情关系的巩固和发展。你们有共同的目标，加上共同的努力、互相支持，会使爱情关系加深。如果你们有共同的婚姻志向，则更好，不少消极因素会因此而变成积极因素。

8. 浪漫

是少了，还是多了？如果在相识一周年纪念日你收到一束鲜花，或一枚精美的纯金戒指，你不必为他的浪漫能力再担心了。到下一年，他送给你的可能是到巴黎的旅行机票。你可能不喜欢这种浮华的姿态，但是，他如此敏锐，你无须生厌。如果你对他已起疑心，太贵重的礼物你最好婉言谢绝，以免你决定分手时感到欠了人情。

和他相识一年了，如果你感到有点“痒”，你要及时反省。再等一年，痒会变成痛。想一想，他值得你再等一年吗？

保持婚姻持久的经验

如果要求人们对婚姻的现状发表看法，差不多每个成年人都会对越来越高的离婚率表示悲观。的确，这是事实，然而，我们为何不乐观地看待婚姻呢？经过调查发现，仍有很多的夫妇恩恩爱爱，婚姻保持得很久。专家总结了他们的经验，认为以下的经验值得我们吸取。

1. 爱情

正如做蛋糕少不了面粉一样，婚姻一定少不了爱情。爱情是婚姻的核心。爱情使性别不同的两个人亲密地共同生活，没有爱情，只有身体的接近，关系不会融洽。

2. 现实主义

这一点和爱情一样重要。现实主义告诉你：即使烈火般的情欲也会冷却下来，甚至最相爱的夫妇有时也会意见不一致。知道了这一点，你得到的安慰便多一些。这里要告诉你，任何人都会有痛苦和难受的时候，待这样的时候过去，你们的感情又可增进。

3. 礼貌

这是很多人忘记的增进婚姻的一个重要因素。在相恋的时候，两人的确做到了互相关心和互相尊敬，也能经常考虑到自己说出的话是否表现了温情，是否为对方接受。

然而，在结婚后不久，同样的两个人便将这种礼貌抛到一边，露出了骇人的粗暴态度。即使你们在相恋时爱得非常深，婚后的无礼貌行为也会将爱情冲掉的。

一对和睦相处了20多年的夫妇说，他们从未说过伤害对方的话，他们认为，礼貌不仅在建立爱情的阶段重要，在保持和促进爱情的婚姻关系中，也十分重要。

“谢谢”“请……”等在相恋时常用的表示礼貌的词语，如能继续在婚姻中使用，两人的爱情一定会进一步巩固。

不幸的是，一些夫妇竟然忘记了礼貌，甚至践踏了礼貌，他们说话的态度是发号施令，说话的语气粗里粗气，说话的表情是横眉瞪眼。不必说，两人的爱情会遭受损害，甚至由此引起矛盾。

4. 诚实

很多夫妇对诚实非常珍视。诚实和信任是同时并进的，互相以诚实相待，便能互相信任。

但是，诚实和完全说真话不是一回事。虽然有时说的话不真实，例如：“你穿宽松的衣服，我并不在乎——对我来说，你时时刻刻都是美丽的。”但是，这是诚实的，而且表现了体贴。

当然，还有其他表现诚实的方法，分担责任便是其中之一。如果丈夫什么家务都不做，而妻子做全职的家庭主妇“以工换取赡养”，这就是不诚实的表现。

在金钱的处理上，也反映了诚实的问题。如果丈夫将大部分收入花在个人享受上，而不顾妻子和家人的幸福，也不是诚实的表现。

5. 笑声

这一点对一些夫妇虽不十分重要，但对另一些夫妇却是保持婚姻快乐、长久的重要因素。

嘻嘻哈哈虽然解决不了大问题，但有时却有帮助：使关系变得和谐，一些无谓的争吵也会在笑声中化解。

不要只是一方说风趣的话、做风趣的事，两人一起做，作用才会大。如果只是一方做，显得是一方讨好另一方，长期发展下去，令这一方感到自己一直在扮演“小丑”的角色。

6. 保持个人的自由

这是爱情关系中的重要方面。结婚后，两人仍是独立的、自由的，两人仍可想自己的事，做自己的事。如果一方过分占有另一方，不让另一方有个人的自由，那么，婚姻很容易破裂。昔日的“夫唱妇随”的婚姻形式已一去不复返了，如果丈夫仍以这样的态度对待妻子，必然招致反抗。

在婚姻关系中，两人可以有共同的朋友、共同的兴趣，也可以有个人的朋友、个人的兴趣。此外，两人有共处的时间，也应该偶然有分开的时间。

你看了以上的保持婚姻持久的经验总结后，或许会问，怎么没有性呢？专家指出，在真正的婚姻中，性所占的位置不是太重要。很多美满的婚姻，性的分量很轻。然而，近年来为何有因性得不到满足而离婚的案例呢？专家认为，性的不满足只是表面的现象，根源却在于无爱情、不现实、不礼貌、不诚实、不自由等。

一分钟心理指南

欲扬先抑定律

战国的时候，宋国有一位养猴子的老人。

这位老人每天都分两次给每只猴子四颗栗子。几年之后，猴子的数目越来越多，他就想把每天喂的栗子由八颗改为七颗。于是他对猴子说："从今天开始，我每天早上照常给你们四颗栗子，晚上给你们三颗栗子，不知道你们同不同意？"

猴子们听了，不能接受，吱吱地叫起来，跳来跳去。老人连忙改口说："那么我早上给你们三颗，晚上再给你们四颗，这样可以吧？"猴子们听了，高兴得在地上打起滚来。

这个故事叫做"朝三暮四"。其实老人给猴子的栗子数量没有变，只是给的方法变了：一是先多给后少给，二是先少给后多给。这符合"欲扬先抑"定律，就是不好的待遇放在前面，好的待遇放在后面，也就容易让对方感到满意。

这种心理规律在现实生活中很普遍。平时人们所说的"磕一千个头后放一个屁，效果全无""有一百个好，最后一个不好可结成冤家"，就是这种规律的反映。

根据这个定律，在表现自己的成绩方面，有一个有效的心理技巧：如果我们不想让别人对我们的成绩失望，最好能事先降低他们对我们的心理期待，这样，当对方看到我们的成绩时，反而会超出预期，从而感到满意。

别想去操纵对方

作为妻子，你虽然不能从根本上改变一个男人，但你却可以影响他，有时改变他的行动。

有些人结婚之后，变得比过去可爱了，性格也有了改善，这可能是因为他们和一位真正相爱的人在一起生活的结果。夫妇之间也可给对方造成潜移默化的影响。

怎样改变你的丈夫呢？首先，你必须确信你是对的，也就是说，这种改变对他有好处，或者对你有好处；之所以要改变他，并不是因为他和你的爱好不同（比如他愿意穿西装，而你却要让他穿牛仔裤），而是因为他的习惯的确不好。如果你确实认为你对他的改变合情合理，可按以下原则去做。

1. 以身作则

如果你是一个好人，待人和蔼、富有耐心，你就应该做给他看。接着，你可以让他像你那样去做，他就可能有所改变。切勿指责。指责只能让人自卫，反而强化不良行为。如果你想让他有所改变，千万别指责他“讨厌”。

2. 操纵

简单地说，操纵的意思就是采用某种战术和外交手段，让别人做你需要他做的事和做有助于他的事。许多国家采用战略和外交途径，使本国免于战难，我们为什么就不能采用它来改变丈夫呢？

那么，你怎样才能操纵丈夫呢？你可以反复提出某个主题，要带着建议的口吻，充满着爱，直到你取得成功。比如，你可以这样说：“看，你长着一双世界上最好看的腿和最漂亮的牙齿……如果你的体重减少30斤，那就更好了！”你也可以这样说：“我母亲非常喜欢你……她对我说，我嫁给你，真是我的运气。你用不着经常去看她，每隔半年去看看就行了。不过，如果你不是在星期四晚上，而是星期五上午回来，那就好了，因为这样我们可以在她过生日那天带她去吃饭，我母亲肯定会很开心的。”

刚才这样说是不是比下面的说法更有效：“你欠了我母亲的这笔情！你为什么这样自私，只想着你自己呢？”

当丈夫在外面奔忙了一天，牢骚满腹地回到家时，你切勿向他发脾气。你最好到门口去迎接他，给他倒上饮料或冰镇啤酒、揉脚或打水洗脸。当你是这样一位可爱的天使时，他怎能对你发脾气呢！其实，你并不是想当一位天使，你是在想方设法使你免遭斥责。这种方法的确有效。

当丈夫在工作上受挫回家时，或者当丈夫一觉醒来心绪不佳时，你就会发现，你周围的气氛就像充满了火药味一样紧张，让你感到十分压抑。此时，你千万不要和他顶撞。

当你要发火时，应该想到发火后产生的不良后果。不错，你的确可以发泄一下你胸中的怒气，但你随后就会觉得自己犯了错，开始后悔，考虑是不是应该去道歉……先发火的人都是如此，绝无例外。你应当努力避免给自己造成被动。当你想发火的时候，你可以离开你的丈夫，到另一个房间里，或离开家。不要气呼呼地夺门而出，而是应当给丈夫解释说，你想出去冷静一下。一小时后，你就会感觉好多了。

当你即将开口指责你的丈夫时，你应当赶紧闭上嘴巴。你可以深呼吸一下，把你的注意力转移到其他物体上，例如想想旅游，想想你新买的毛衣，直到你息怒为止。

一旦你已经开始吵架，就请你注意你使用的语言。你要尽量不说类似“你错啦!”“你撒谎!”这样的话，应当这样说：“我不同意你的看法。我就是这样想的。”不论你使用什么语言，一旦你和丈夫吵起来，这场仗就必须有始有终。建议你尽量把已经炒好的鸡蛋端给他。你可以这样说：投弹完毕！休战啦!

吵架结束后，你应该主动走到他跟前，向他道歉。在道歉之前，你确信自己并没有什么过错。但是你应该想到你肯定有不对的地方，否则他不会如此生气。即使你们的吵架是由你那位平素“沉默寡言”的丈夫挑起的，你也应该真诚地向他道歉。道完歉之后，你应该和丈夫一起讨论下一次怎样避免吵架。这一次你们在“相互沟通”上出现了问题，但你希望今后更好地沟通。

当然，有些问题可以在床上解决，床上是解决这些问题的好地方。你不要觉得你是在勾引你丈夫，或有点低三下四，只要能消除怒气就行。

理智地协调生活

当丈夫感到他与小伙子们和同事们在一起更为有趣的时候，当丈夫感到与他的朋友们到室外、到大自然中游玩比呆在家中和妻子做伴更能感受到生活美的时候，作为妻子，你应该如何对待和处理这一切？

这实际上是一种潜在的危险。这时，身为妻子，你应十分沉稳、理智地对待、处理。如果你言中带怒、行中含怨，就更会使丈夫感到他在外面的生活自由、随意、无拘无束，甚至会觉得你成了他行动的绊脚石。结果就会适得其反，甚至最终会使你失去自己的丈夫，至少在感情上走向分裂。

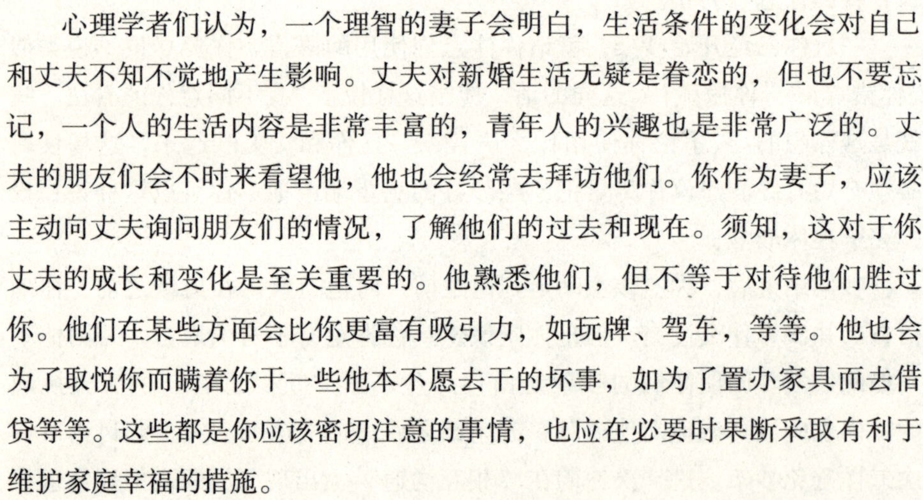

心理学者们认为，一个理智的妻子会明白，生活条件的变化会对自己和丈夫不知不觉地产生影响。丈夫对新婚生活无疑是眷恋的，但也不要忘记，一个人的生活内容是非常丰富的，青年人的兴趣也是非常广泛的。丈夫的朋友们会不时来看望他，他也会经常去拜访他们。你作为妻子，应该主动向丈夫询问朋友们的情况，了解他们的过去和现在。须知，这对于你丈夫的成长和变化是至关重要的。他熟悉他们，但不等于对待他们胜过你。他们在某些方面会比你更富有吸引力，如玩牌、驾车，等等。他也会为了取悦你而瞒着你干一些他本不愿去干的坏事，如为了置办家具而去借贷等等。这些都是你应该密切注意的事情，也应在必要时果断采取有利于维护家庭幸福的措施。

当你的丈夫想外出时，你不妨问他到什么地方去，还可以问他，自己可不可以陪他同往。你应该和你的丈夫志同道合，为此，你要有意识地要求自己培养与他相同的爱好和志趣。这样，共同的语言多了，两颗心自然而然地就贴得更近了。假如你对他的言行举止限制太死，要求太严，那么，他很可能会在你面前言听计从，在你背后却我行我素，那时，你就会更加气急败坏了。他也许会完全听你的，不出去了，但他在你身边就会一切都如愿以偿了吗？

如果妻子是一位温文尔雅、礼貌端庄、笑容可掬的人，那么，她的丈夫就会每天都急切地想见到她，盼着她早归。这样的妻子懂得如何才能生活得美满幸福，她知道如何使丈夫感受到家庭生活的美满，她的心思与丈夫的事业息息相关，她能够吃苦而毫无怨言，粗茶淡饭而乐在其中。她心甘情愿地付出自己艰辛的劳动来换取家庭的幸福，这种幸福是多少钱也难以买到的。她在丈夫心目中是最受敬重的，一想到她，他回家的脚步便加快了。

一分钟心理指南

互惠原理

生活中，如果一个人帮了我们一次忙，我们也会找机会帮他一次；一个人送了我们一件生日礼物，我们也会记住他的生日，到时给他送一个礼物；一对夫妇邀请我们参加一个聚会，我们也会尽量邀请他们参加我们的一个聚会。

这些都是互惠原理的表现。

互惠原理是人际交往中一项重要的行为准则。遵守这个准则，就合乎社会的规范；违背了它，则会遇到无情的唾弃，被戴上"白眼狼"、乞讨赖账、忘恩负义等帽子。所以古人说，"投之以桃，报之以李""欲取必予"。朋友间维护友谊，情人、夫妻之间的爱情关系都符合这个规律。

从另一个角度讲，不请自来的好处有时也会让我们产生负债感，不得不作出回报的行为。比如在超市里免费品尝了一种商品后，人们就往往不好意思不买。

妻子如何吸引丈夫

作为妻子，你应该掌握哪些技巧，在丈夫面前永远保持魅力？以下是几个简单而确有实效的办法。

1. 羞涩

羞涩是女性美的特征之一，它蕴含着妩媚和柔情，它不仅是情窦初开的少女用以传递爱情的特殊语言，更是婚后夫妻之间的爱情信号。可惜不少妻子恰恰疏忽了这一点，一过洞房花烛夜，特别是生过孩子后，在丈夫面前的羞涩便荡然无存，将爱情的神秘面纱破坏殆尽，造成爱的单调、贫乏甚至令人厌倦而窒息。当然，这里并不主张妻子过于拘谨胆怯，而是希望妻子借助羞涩来激发丈夫的爱恋之情，从而丰富夫妻生活的情趣，提高夫妻生活的质量，并给爱情留出一些余地，以致春色不枯爱常新。愿天下青年、中年乃至老年的妻子们，都保持一点特有的羞涩，它会使女性显得年轻，魅力无比。

2. 撒娇

仗着受人宠爱故作姿态，谓之撒娇。撒娇说起来似乎是孩子的事，但引进夫妻生活领域，那娇媚妖娆的妻子在丈夫面前一番“娇”，顿可激起爱之涟漪，惊起浪花，因为它实质上是妻子千恩百爱的爆炸式释放，丈夫会因此而获得高度的心理满足，从而使夫妻之亲密升华到一个更高的层次。

3. 逞强

与撒娇相反，妻子适度的逞强同样会迸发特有的魅力，尤其是在与撒娇交替使用时。女性，虽不能说是天生的弱者，但与男性相比毕竟是柔弱的。在生活中妻子明知难以胜任某一件事，却要逞强偏为之，成功固然美，不成也美，或更美。妻子心理示弱嘴里逞强的立体交叉情趣，显示出一种童稚气，一点野性，丈夫无不为之怦然心动。至于表现在事业上，丈

夫则喜欢《莫斯科不相信眼泪》里卡捷琳娜那样争强好胜的妻子，而不是《乡情》中一口一个“我随你”的陶春那样的贤妻良母式的妻子。

4. 遮掩

神龙见首不见尾，怀抱琵琶半遮面，半遮半露，半虚半实，耐人寻味，妙在遮掩。原始人在改革全裸时，首先是遮掩了阴部和乳部。在道学家看来，这是人类本能的遮羞；在艺术家看来，这不是遮羞，而是人类本能的美好展示，是强调，是突出，是通过“遮”来引起丰富的想象力，是借助“掩”来增加神秘诱惑力。索菲亚·罗兰在谈到女演员的裸照时认为，“裸照降低了表演的魅力”，因为它减少了神秘的元素。合适的衣服比裸体有更多的诱惑力，因此，妻子欲对丈夫保持历久不衰的朦胧感，须得学会掌握掩的艺术，哪怕是老夫老妻，也应尽可能避免淋漓尽致，暴露无遗，该遮掩的部位还是遮掩，如此这般，既能收其欲盖弥彰之效，又保留了“神秘的元素”，确不失为妻子展现魅力的又一妙术。

适度保持距离

欣赏一幅油画，太近了看着不大像画，太远了又看不清楚，只有不远不近，恰到好处，才能看出“效果”。

一对夫妻，有时被形容为心心相印，形影不离，亲密无间。那么到底是亲密无间好呢，还是亲密“有间”好？

这里就有一个审美距离问题。审美距离是一条重要的审美原理。德国著名的黑格尔派美学家费歇尔说：“我们只有隔着一定的距离才能看到美，距离本身能够美化一切。”审美距离又分为物理距离和心理距离。物理距离好理解一些，如开头所举的欣赏油画之例。心理距离抽象一些，比如，当你坐在一个很美丽的姑娘身旁时，一小时只当一分钟，当你坐在一个很丑陋的姑娘身旁时，一分钟却当一小时，这便是审美心理的微妙作用所致。未到“苏杭”的人，心里总是向往的，果有机会亲临，先是陶醉不已，后却逐步淡然，若长期住下去，还会熟视无睹，见美不美。这里则既有物理距离又有心理距离的缘故了。

莎士比亚有句名言：“最甜的蜜糖，可以使味觉麻木，不太热烈的爱情才能维持久远。”句中的“不太热烈”显然系“亲密有间”之主张。就物理距离而言，我国有“小别胜新婚”之说。的确如此。水饺再好吃，上顿接下顿地连着吃，总有一天会吃腻。一对夫妻，天天厮守在一起，重复着同一套生活模式，难免生出厌倦乏味的感觉。正如赫尔岑所说：“人们在一起生活太密切，彼此之间太亲近，看得太仔细、太露骨，就会不知不觉地，一瓣一瓣地摘去那些用诗歌和娇媚簇拥着个性所组成的花环上的所有花朵。”适当的分别，则有利于保持夫妻间的神秘感和新鲜感。美国、日本的社会调查表明，每周见一次面的夫妻感情最好，关系最稳定。就是夫妻一直在一起的，有的也开始提倡夫妻分床睡觉，既有利于休息，又可以使夫妻双方保持各自的魅力，让相互的爱情在若即若离、不冷不热中久远维持。

夫妻间保持一定的心理距离是重要的，然而也是难掌握的。保持心理距离，就是让夫妻保持各自个性上的闪光点。让夫妻各自保留心中的一块自由活动的绿地，谁也不要试图挖空心思地去改造对方，而是要设法适应对方，给予对方有独立的人格、独特的个性和适度的自由的生活圈。大桥桥面的某些连接处都要留一些隙缝，否则，由于热胀冷缩的作用，桥就会挤裂。热水瓶装热水，如果装得过满，反而不利于保温。夫妻之间若是一点“隙缝”都不留，反而不利于“感情保温”，迟早要“挤裂”的。事实上，夫妻间真正做到形影不离和百分之百心心相印是不可能的，果真有之，定成问题。

诚然，这里所说的距离必须是有限的、适当的。正如某作家所说：“有距离才有吸引。但是，千万不要太远。当我痛苦或迷惘时，不要让我牵不到你的手。”同时，保持距离感绝不是设置心灵上的屏障或戒备防线，也就是说，物理距离也罢，心理距离也罢，绝不是感情距离。恰恰相反，在审美心理竭力要求缩短感情距离时，将形成一种强烈的亲和力，实际上，正是缩短了感情距离，才加深了夫妻感情。

一分钟心理指南

如何突破依赖心理

对依赖型的人，心理学家认为首先要纠正他们的日常行为习惯。依赖型人格的依赖行为已成为一种习惯，治疗首先必须破除这种不良习惯。

具有依赖型心理障碍的人要清查一下自己的行为中哪些是习惯性地依赖他人去做，哪些是自己做决定的。可以每天做记录，记满一个星期，然后将这些事件按自主意识强、中等、较差分为三等，每周一小结。

依赖行为并不能轻易消除，一旦形成习惯，人们就会发现，要自己决定每件事毕竟很难，可能会不知不觉地回到老路上。为防止这种现象的发生，简单的方法是找一个自己最依赖的人作为自己的监督者。

但是，仅仅简单地破除依赖的习惯，而不从根本上找原因，依赖行为也可能复发。这就需要用两个步骤重建依赖者的自信心，从根本上对依赖型人格加以矫正。

第一步，消除童年不良痕迹。依赖型的人缺乏自信，自我意识十分低下，这与童年期的不良教育在心中留下的自卑痕迹有关。

依赖者可以回忆童年时父母、长辈、朋友对自己说过的具有不良影响的话。例如：你真笨，什么也不会做。把这些话语仔细整理出来，然后一条一条加以认知重构，并将这些话语转告给朋友和亲人，让他们在依赖者试着做一些事情时，不要用这些话语来指责他，而要热情地鼓励、帮助他。

第二步，重建勇气。建议依赖者选择做一些略带冒险性的事，每周做一项。例如：独自一人到附近的风景点做短途旅行，或独自一人参加一项娱乐活动。通过做这些事情，可以增加勇气，改变事事依赖他人的弱点。

体贴是最不可缺少的

现代家庭夫妻矛盾的产生多数是由于一成不变的夫妻模式，而要解决这种家庭矛盾，冷静、耐心、体贴是最不可缺少的。

如果近日你与家人相处不太妙，这很正常，俗话说：不打不闹不成夫妻。你可以采取下列方法加以改善。

1. 有意识地分开一段时间

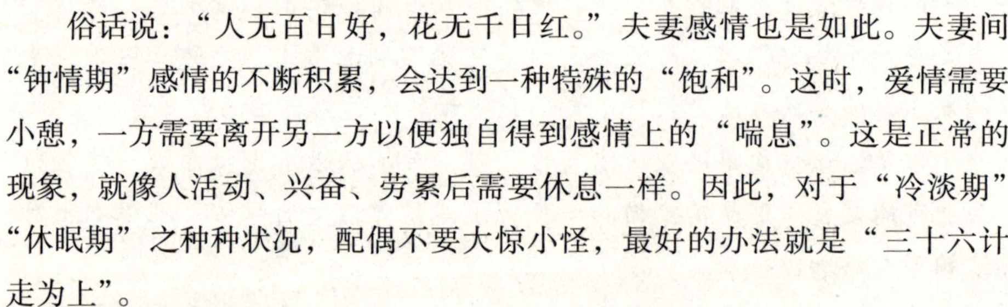

俗话说："人无百日好，花无千日红。"夫妻感情也是如此。夫妻间"钟情期"感情的不断积累，会达到一种特殊的"饱和"。这时，爱情需要小憩，一方需要离开另一方以便独自得到感情上的"喘息"。这是正常的现象，就像人活动、兴奋、劳累后需要休息一样。因此，对于"冷淡期""休眠期"之种种状况，配偶不要大惊小怪，最好的办法就是"三十六计走为上"。

如果发现对方不愿见到你，要意识到这是配偶"冷淡期"到来了。此时，即使没有出差的机会，也要找个借口回避一下。要有意识地分离，避免长时间地呆在一起，"讨人嫌"。要知道，配偶的冷淡和厌倦感情的出现，是希望尽量减少与你的接触，这是肌体为防止神经系统过度紧张而作出的保护性反应。

只要夫妻双方在"冷淡期"有意识地分离一段时间，就可以跨过"冷淡期"和"休眠期"，或缩短这两个时期的周期，重新回到"钟情期"。马克思在38岁时，在给妻子燕妮的信中也说道："经常地接触会显得单调，日常生活琐事会因此而闹大，而深挚的热情由于对象的亲近而表现为日常的习惯，人们只要分离很短一段时间，一切就会恢复原状，以前被当做重要大事的不愉快的琐事，现在又成为小事，而深挚的感情，在分别的魔术般的影响下会壮大起来，并重新具有它固有的力量。"这话可谓至理名言。

2. **学会关怀体贴对方**

夫妻之间产生敌意后，需要配偶用关怀体贴之情去化解。当你发现配偶工作忙得不可开交，没有时间与你接触，或者不像往日那样“热情”时，要体谅、同情、关怀对方，并注意把握分寸，最好不要开玩笑，不纠缠不休。在这个阶段，遇到对方落泪、忧伤、痛苦，甚至偶而对你斥责几句时，不要当面计较。一句话，你要像对待病人一样耐着性子，体谅对方，因为对方的任性是暂时的，只是一时的“病情”所致。你必须懂得，这种感情的休眠是不可避免的，而且很快就会结束。

3. **冲突摩擦中吸取教训**

人主要是靠经验生活的，错误能使人聪明起来。常言道：“经一事，长一智。”夫妻间发生冲突，一方主动认错，只是使事态得到了暂时的平息，并没有解决实际问题。它只不过是表示了一种态度，并不等于解决了问题。为了不再犯同样的错误，或者不出现同样的不愉快，必须考虑今后应该怎么办。因此，理想的夫妻不是争吵，看谁压倒谁，而是讨论。讨论是集体思考，是把两个人的想法凑在一起。夫妻讨论，要考虑满足两个人的欲望。

在夫妻发生摩擦、冲突时，要细心反省、思考，分析究竟错在哪里。要多从主观找原因，不要总是认为对方不公道、没良心。争吵、冲突平息以后，夫妻最好开诚布公地谈谈看法和要求，找找争吵的原因，提出各自的解决方案，一起讨论，找出能使双方都满意的最佳方案。以后，出现新问题，双方又产生摩擦时，仍然“外甥打灯笼——照舅（旧）”。要互相照顾，互相让步。青年夫妻若能经常在讨论中吸取对方有益的东西，努力改正或去掉各自的不良习惯，家庭的和睦与幸福是不难创造的。

做个调配爱情的高手

有这么一对年轻恋人，总在争吵谁先对谁好。女的说：“你要先对我好，我才对你好！你不对我好，就甭想我对你好！”男的也不服气：“凭什么要我先对你好？”

即使是在热恋中，他们谁也不愿主动为对方多做点事情。女的觉得那样做了，她就降低了身份，成了男人的奴仆；男的也觉得不应该伺候女的，那样他的“大男子”身份就受到了贬损。

直至婚后，他们之间极端的“男权”与“女权”的战争不仅从未停息，反而越演越烈。谁也不能心甘情愿地多做一些家务事，为此他们时常爆发争吵。

悲剧终于发生。男人与另外一个女人相识并相爱，在这个女人的关爱下，男人感悟到了“爱情就是互为奴仆”的伟大哲理，把自己全身心地奉献给这个女人，而他原先的婚姻也终于解体。

这个案例告诉女人，爱是不能单向索取的。你不能斤斤计较，男人给了你多少，你再视情况给他多少“爱”。聪明的女人应该是个调配爱情的高手，她只要怀着浓烈的爱心，不求索取地体贴自己的男人，反而容易激起他对你更大的回报。

有时候，爱的付出体现在一些小事上，费力不大，却影响不小，可令男人深为感动并怀念你的好，换得的是更深的关爱。

要想笼络住意中人的心，就要从日常生活中的小细节入手，去打动他。以下提供几种讨他欢心的方法，让他加倍地迷恋你。

1. 宠宠他的口舌

你有没有注意过，他特别喜欢的小点心是什么？也许是牛肉干，也许是凤梨酥，只要他说过，你能放在心上，那就最棒了。就算他从来没说过，你也可以观察到：上次买回某种点心，他吃得好开心。这些都是让他快乐的“线索”。

“点心”当然不能当饭吃，天天吃就不稀奇了，还容易生厌。所以，不定期地、隔些时候买一样他最爱吃的东西，宠宠他的口舌，那份点心里便藏着浓浓的爱意。尤其是在你出差或旅游的时候，若能惦记着他爱吃的东西，为他带回家，更能让他开心得不得了。

2. 谢谢他的“好”

当他为你做了一件事后，不管那是需要花很多时间的“大事”，或是很容易做的“举手之劳”，你都可以郑重地表示你的感激。一方面这是很好的习惯，表示别人对你的好，你都放在心上；另一方面，这是绝佳的示范，让你的男人也学会对你的付出点点滴滴都放在心头。

你可能没有这样的习惯，或不觉得它很重要。举些例子，你便可以举一反三：

你的男人把碗洗好了，你拿一张擦手纸或一条毛巾给他，对着他甜甜一笑，说：“谢谢你，辛苦了！”

你的男人为你拿来一杯茶，你马上说：“啊！谢谢！你怎么知道我正想喝？”

3. 送上细心而细小的体贴

什么时候你最需要一杯热茶或热咖啡？

工作了一天，刚刚进家门，身心俱疲的时候；受了一些挫折，心情不太好的时候；不为什么，只是想一个人静一静的时候……如果你在这种时刻需要握一杯热茶（咖啡）在手中，那么你的男人一定也喜欢这样。

不等他开口，你就为他端来一杯热茶（咖啡），然后离开，让他独处。如果他在卧室或书房，那就帮他轻轻地把门带上。

这种贴心的照顾，不是最爱他的人怎么能做得到呢？

茶的浓淡、咖啡要不要加糖等，大概你是清楚的吧？此时切忌絮絮叨叨地问他：“要茶还是咖啡？”“咖啡要加糖吗？”“要不要伴侣？”“你要喝什么茶？香片？乌龙？绿茶？普洱？铁观音？”疲惫的人或心绪不佳的人，实在没有多余的心力顾及这么多。你就照平常的方式做好了。那杯茶（咖啡）的内容如何其实并不重要，重要的是它所象征的体贴和关怀啊！

4. 要抓心，先抓胃

中国人的观念向来是“民以食为天”“吃饭皇帝大”。不是说“要想抓住男人的心，先要抓住他的胃”吗？——这句话对很多厨艺不佳的人来说，听起来实在很令人沮丧。其实，手艺平平的你一样可以让你的男人很快乐。

也许你听他讲过，“妈妈的味道”如何令他怀念不已，或者你自己也在他家吃过一道他最喜欢的菜，甚至那道让他迷恋的大菜是在某家餐馆里吃到的。首先，你要做的是：虚心地向他的母亲（或厨师）请教食谱；其次，你不妨请半天假，把材料买齐，用“做实验”一样的心情，慢慢地做做看。

可能第一次做得不太成功，不过没关系；重点是：你的男人看到你这样细心地为他“效劳”，一定感动得不得了！

5. 制造美丽的意外

你知道他每天的路径吗？什么地方是他可能经过或出现的地方呢？如果你知道何时他会从哪个地方出现，你便可以偶尔给他这种惊喜——好好地策划一番，和他不期而遇；把自己当做礼物，“送”到他面前。

你甚至可以玩这样的游戏：他快下班时在他公司附近的街角打电话给他，但别告诉他你在哪里；最好让他误以为你在家里。等他走出公司，赫然发现你在他面前，那种惊喜是很戏剧性的。

不过，可惜的是，这种游戏大概只能玩一次，太经常他就没有这么好“骗”，也没这么惊喜了。此外，这种惊喜不一定要安排在生日那天，可以只是两个人出去吃顿饭，甚至也可以“哪里都不想去，只想一起结伴回家”。

同样的惊喜也可以安排在飞机场或火车站；你没有说要去接他，却突然出现在他面前，他一定非常惊喜和感动。

6. 帮他梳梳头，给他幸福感

当他洗完头，湿淋淋地走出浴室的时候，你会做什么？视若无睹？丢给他一条毛巾？或者，帮他把头发吹干？

如果你能拎一条干毛巾，亲自为他擦拭，再用吹风机帮他吹干头发，你的男人一定觉得自己很幸福。

吹头发的时候，一手拿着吹风机，一手要把湿头发弄松、拨开，吹出好看的发型……做这个亲昵的工作，你一定要“近距离”操作，而且有肌肤之亲。这么挨挨碰碰、磨磨蹭蹭之下，怎能不亲密呢！

如果你的男人一向自己吹干头发，你可以问：“今天你要不要洗头？我可以帮你吹喔！”

你的男人可能不敢相信自己那么幸福，说不定他会假意地推辞一番：“不用啦！”不过，通常只要你坚持一下，他就会乖乖地“就范”，而且还会在心里对你产生几分好感。

7. **把他当大男孩哄**

男人伤心的时候，像个“大男孩”。这时的你不妨挨着他坐，双手环抱着他，静静地陪伴着。能够递几张面纸给他，当然很好；不过，如果因为要拿面纸而离开他身边，不如干脆不要拿，就让他把眼泪落在你的衣襟上吧（附带一句：在家里各处放置面纸盒，或在口袋里放一小包面纸，有时候是很有用的）。

另一种亲密的姿势是：你站起来，搂住他，这时他的头正好位于你的胸前。能够埋头在你软软的胸脯上大哭一场，他的情绪很快就能平复。

你很容易发现，你的男人其实也是一个“大男孩”，如果能够让他得到最大的安慰，你还会吝啬不做吗？况且你的善解人意与温柔，一定会让他感动万千。

8. **给他关怀，更给他激励**

在人们的印象中，男子汉总是刚毅勇敢，侠胆柔肠。但恋爱不久，也许你会发现并非如此。

在现代社会中，人们随生活节奏的加快而日益困惑和苦闷。男性的心理负荷愈加沉重。人们需要通过各种方式和渠道发泄心中的郁闷，以缓解紧张的情绪，寻求安慰和平衡。抱怨便是其中的一种方式。

对生活缺乏应有的信心的人有如沙滩上的驳船，灰暗而毫无生气。奥地利诗人里尔克有句名言：“挺住，意味着一切。”清醒而沉静地面对生活，远离焦躁和沮丧的人，其生命已进入一种境界。这需要长时间的历练。

爱情不是盆景。它是一株实实在在的树，狂风袭来时人们需要它粗壮的枝干来依靠；赤日当头时，人们需要它的浓荫来作庇护。你应该提醒男友认识到自身对爱情应负的责任，而责任恰恰能成为动力。

给他关怀的同时别忘了激励，这样才能使他振作起来现光芒，爱情的天空才能晴朗，爱才能“在不可言状的幸福中栖落”。

9. **个性传情法**

双方相恋的初期，情书是试探、窥测对方思想的“问路石”；相恋的中期，它是增强、深化双方感情的“加速器”；相恋的后期，它是消融、解释两人不爽的“润滑剂”。

在今天的网络时代，时髦的男女们都青睐于“网上爱情”，“伊妹儿”成为感情的新载体，很少有人铺纸动笔写情书。

无论何种现代通讯手段，提高的都是效率，追求的是便利，从意境格调、浪漫温馨等多方面来说，谁也无法代替情书的功能。试想窗前灯下，夜深人静，铺一张素笺，静静地编织自己的情丝爱网，这是一种什么样的享受？对另一方来说，收到一封情书，看着秀丽的字迹，读着滚烫的词语，似乎从这张素笺上能嗅到恋人的气息。这是冷冰冰的电脑屏幕与标准字体无法传达的一种美妙的感觉。

江山易改，本性难移

江山易改，本性难移。每个人都有自己比较稳定的个性特点。

这一点在每个人的心里都可以体会到，人的性格特征其实就是每个人最基础的心理因素的体现，人们说某个人倔强的性格，其实也就是一种执拗的心理。

人格很复杂，它由身心的多方面特征综合组成。人格就像一个多面的立方体，每一面均为人格的一部分，但又不各自独立。人格还具有持久性。人格特质的构成是一个相互联系的、稳定的有机系统。张三无论何时何地都表现出他是张三；李四无论何时何地也都表现出他是李四。一个人不可能今天是张三，明天又变成李四。

从前，有一个地方住着一只蝎子和一只青蛙。蝎子想过池塘，但不会游泳。于是，它爬到青蛙面前央求道：“劳驾，青蛙先生，你能驮着我过池塘吗？”

“我当然能。”青蛙回答。“但在目前情况下，我必须拒绝，因为你可能在我游泳时蜇我。”

“可我为什么要这样做呢？”蝎子反问。“蜇你对我毫无好处，因为你死了我就会沉没。”

青蛙虽然知道蝎子是多么狠毒，但又觉得它说的也有道理。青蛙想，也许蝎子这一次会收起毒刺，于是它同意了。蝎子爬到青蛙背上，它俩开始横渡池塘。就在它们游到池塘中央时，蝎子突然弯起尾巴蜇了青蛙一口。伤势严重的青蛙大喊道："你为什么要蜇我呢？蜇我对你毫无好处，因为我死了你也会沉没。"

"我知道，"蝎子一面下沉一面说。"但我是蝎子，我必须蜇你。这是我的天性。"

俗话说："江山易改，本性难移。"每个人各有自己的优缺点，有独特的思维方式和交往风格。一个人如果想改造另一个人，应该明白，这种改造是非常有限度的。比如有的人天生具有某种才能，而不具备另一种才能，后天进行再多的培养和训练，也是收效甚微。在很大程度上，每个人应该按照自己的天赋选择适合自己的职业方向。

再比如，在夫妻关系中，我们也往往会发现，我们对对方的改造非常有限，因为人们有自己固定的思维习惯、生活方式，不愿意被别人所改造。而这种强行改造，只会造成感情的隔阂和冲突。不是说绝对不可以，但是在很大程度上的确是很难的。所以人们常说，结婚前要睁大双眼，结婚后要睁一只眼闭一只眼。因为结了婚，反正也很难改变什么，主要是适应了。

在生活中，我们对自己的优点应该合理地加以利用，尽量扬长避短，尽量在自己独特天性的基础上取得进步。

一分钟心理指南

"不要改变我！"

人们反抗变化，因为他已有的一切（环境、习惯、工作方式等）就像一个外壳保护他免受外来的威胁。因此，人们反抗改变他们的行为模式、习惯、工作方式、人际交往方法、生活模式和他们所处的环境。人们还反抗改变他们的计划、他们预定的事情，反抗妨碍他们的行动，而且反抗改变自己的思考、自己的意见以及自己的信念。

心理学家把这个事实称为"认识的不协调"。对于一件事来说，人们几乎不可能同时有两种不同的信念或意见。这意味着，对于威胁我们既已形成的信念和行为习惯的任何企图都要进行反抗。

对这一变化的激烈反抗，往往给人们带来很大的不满。为什么呢？当要他人服从你的意愿，他人不服从时，就要给他们的不服从找理由。而且最终在他人反抗时，不得不把他们的行为分类，冠以名目。

比如，在婚姻生活中，对顽固地反抗变化的妻子，丈夫给她贴上“顽固”“以自我为中心”“不会体贴”的标签。

又如，相爱的恋人认为，如果出于爱情，对方就应该怎样怎样做，对方如果不肯做，也会相互指责，相互反抗。

职工向老板、顾客向推销员传达反抗的情绪时，被称为“没有服从心”或“协调精神不足”；出现在工作方法上时，被称为“头脑木讷”；出现在朋友之间，被称为“心胸狭窄”；孩子如果反抗，家长就称他们“不成熟”“不合情理”“混账”；相反，如果家长反对孩子，孩子就埋怨家长“什么都不理解”“制造代沟”，等等。

卧室门外的女王

每个人都扮演着不止一个社会角色，而这些角色之间有时会发生冲突，能否处理好这种冲突，决定了我们扮演的社会角色成功与否。

每个人都要在社会中扮演属于自己的社会角色。当个人在所履行的两个或多个社会角色之间或角色与人格之间难以相容时，就发生了角色冲突。角色冲突也可发生于个人遭受来自不同群体的不可调和的压力，或角色定位模糊之时。角色冲突可导致焦虑、紧张、苦恼、效率下降，或使个人为解决冲突而从一个或多个不相容的角色中撤退，重新定位或通过协调减轻对立诸方的压力。

有一次，维多利亚女王和她的丈夫吵了架，丈夫生气闭门不出。女王来敲门，丈夫问："你是谁？"

女王理直气壮地回答："英国女王。"屋里没有声音。女王又敲门，声音平和了一些："我是维多利亚。"里面仍是悄然无声。最后女王柔情地说："亲爱的，开门，我是你的妻子呀。"门悄声地开了。

这个故事告诉我们，不要时刻惦记着你的地位和权力，每个人在不同的时候要扮演不同的角色。

人的一生会扮演各种角色：领导、职员、父亲、母亲、丈夫、妻子、儿子、女儿……角色与人的心理健康密切相关，当他（她）成功地扮演各种"角色"时，既满足了社会的期望，也满足了个人的需求，所以他（她）能过正常的生活。反之，那些不能胜任各种角色的人，则很可能在不同的生活处境中遇到困难，其中经常碰到的就是不能适应不同角色冲突而产生的麻烦。

如果我们不能在需要的时候自如地转化自己的角色，那么无论在心理上还是在行为上都会感到不自在。换言之，为了使日常的人际关系，特别是工作中的人际关系更为融洽，我们必须敏锐地意识到我们在各种情境下应扮演的角色并作出相应的角色行为，这种能力是不可或缺的。尽管在大多数情况下角色转换会自发进行，但为了有备无患，我们还是应该多加注意。

角色冲突是使人紧张的一个源泉。研究证明，总是生活在角色冲突中的人，会心率加快、血压增高。美国社会心理学家米德把这种现象称为"角色紧张"。角色紧张对社会及个体的身心健康都非常有害。要消除角色冲突，可以采取如下几项具体方法：

（1）学会角色换位。考虑和处理问题时，不要总是站在自己的角色的位置上，而应当换个位置，即站在他人角色的立场，"将心比心""设身处地"地体验不同于自己的其他角色的需求、遭遇和感受。比如丈夫站在妻子的角度，妻子站在丈夫的角度，下级站在领导的角度，领导站在下属的角度，这样自然就能消除角色冲突，保持人际关系的和谐。

（2）搞好角色调度。不同的角色有不同的权利与义务，我们在角色转换后，应当及时对所承担角色的权利与义务有明确的认识，对该角色应有的行为作出清晰的理解，以求顺应变化，尽早进入新角色，转换角色行为。

（3）避免角色混同。角色的权利与义务是各不相同的，不能混为一谈，应当区别对待。如在异性交往中，男性要把妻子、女朋友、女同事区别开来。同理，女方也要把丈夫、男朋友、男同事区别对待。如果将这种种异性对象混同为一种角色，就会出现很多矛盾和冲突。比如，在单位时是领导，习惯于发布命令、指挥别人，但回到家里，履行作为丈夫和父亲的职责，就不能一味严肃正经。

判若两人的男女

婚后，丈夫和妻子各自向他们的朋友抱怨。

丈夫：我想和她一起做事，她却只想和我讲话。

妻子：没结婚时我就话多，可那时候无论我讲多少废话，他都爱听。如今我一开口，他就皱眉头，嫌我烦。

恋爱时，男性较愿意听女友谈心，一旦结了婚，与妻子的交谈就越来越少。男女对于交谈的不同态度和期望，无意中降低了交谈的质量，表现为情绪商数的降低。

固然，婚前婚后女方想说的话有了很大的变化。婚前的交谈主要是关于两个人的关系，爱的呓语。即便反复唠叨，也只是说明爱之深切，爱侣自然不会反感。

然而婚后，爱的呓语没有了，取而代之的是关于生活小事的烦恼，如自己的忧愁、身体的不舒适、家务的劳累等等，丈夫对这些并非没有感知，但他宁愿两人一起做事，也不愿听无穷无尽的抱怨。

丈夫对于婚姻的预期通常比妻子更乐观。一项研究说明，丈夫在婚姻的各个层面，如性关系、财政情况、是否倾听、能否相互包容等方面，都比妻子更为乐观，而妻子则更多地注意到婚姻的问题，所以也就比丈夫更会抱怨。

妻子一般都把丈夫当做倾诉的对象。女性情感较丰富，对各种刺激的反应较明显，容易引发情绪的大起大落，而丈夫却很少像婚前那样温柔地爱抚她，这使她对丈夫感到失望，这种失望反而加剧了她的絮叨，她希望这样会引起丈夫的重视，而丈夫最好的方式是聆听。

情绪必然通过体态语言加以表达，夫妇间恶语相向时，表示轻蔑在所难免，但愤怒加上轻蔑，将使情绪处于决堤的边缘。因此，情绪商数较高的夫妇都努力避免这种情况。比如最常见的形式是侮辱或嘲讽的字眼：混蛋、不要脸的、软弱无能等。体态语言如嗤之以鼻、眼睛上扬、嘴角微撇等。

研究表明，即使夫妻一方只是略微表现某种意含轻蔑的表情，另一方也会迅速作出无言的反应：心跳加快，呼吸急促。长期如此，不但彼此情绪恶化，健康也必定每况愈下。

轻蔑表示夫妇对伴侣作了最低的评价，诉诸语言或行动之后，对方不得不逃避或采取守势。倘若在发怒时导致恶语相向，在长期的冲突中，一方可能干脆不说话，导致一方进攻，一方沉默的冷战。冷战是由于夫妻双方根本不进行情感交流，所以，它比恶语相向更威胁婚姻的稳固。

研究表明，通常的情况是妻子对丈夫表示轻蔑，而丈夫以无声加以回击，婚姻关系发展到这一步，伴侣已形同路人，甚至如人与人之间偶尔的心灵撞击，在伴侣间都找不到了。

四种血型男人隐藏着婚外情的秘诀

1. A 型男人如有婚外情

其行为多较诡秘，尽量不让人发觉。如 A 型男人的婚外情是出于摆脱一下生活的压力或企图得到家庭内尚未得到的东西时，A 型男人的内心大多仍还存在惧怕家庭毁灭的顾虑。但是，如 A 型男人的婚外情是出于强烈的摆脱现状的愿望，婚外情行为属于一种较为深思熟虑的行动时，那么，A 型男人在发生婚外情的同时就可能已有不惜家庭破裂的思想准备。

为预防 A 型男人的婚外情，妻子不妨经常以男人的责任对其加以劝说，在不少情况下，这种劝说都能起到激励的作用。同时，女人还应注意在日常生活中多给男人以温暖，使家庭生活充满夫妻深情，即使在夫妇性生活中也应不拘于一定的模式，以增进夫妇间的生活乐趣。

2. B 型男人如有婚外情

当 B 型男人对肉体的情欲有较大的兴趣时，则会较为坦然地作出婚外情之举。由于 B 型男人的婚外情具有较为“坦然”的倾向，故 B 型男人的婚外情行为较易被他人察觉。

一旦发现 B 型男人有婚外情之举，如女人并不因此打算分手的话，基于 B 型男人有我行我素的倾向，为不使家庭遭到毁灭，女人不一定对此严厉责备。由于 B 型男人还具有感情较为细腻、较富于人情味的倾向，有时女人对男人的婚外情佯装不知，仍一如既往地对男人真诚相待，也会使 B 型男人自觉羞愧，产生一种因欺骗女人而自感犯罪的感觉，从而自觉地改邪归正。

3. O 型男人如有婚外情

O 型男人具有较强的家长作风倾向，当 O 型男人的家长地位不能确立时，可能产生婚外情行为，并可由此导致家庭的危机。当 O 型男人的婚外情属于其他原因时，从其本身意愿出发，往往还不至于想使家庭破裂。此外，如果夫妻性生活不够协调，或 O 型男人对此不满足时，O 型男人也可能出现婚外情。据日本调查，O 型男人的婚外情不少源于此。

如 O 型男人的婚外情属于对夫妻生活不能满足，从女人方面来看，亦应在日常生活中采取积极协调、配合的态度，以使夫妻生活更为和谐、协调。

4. AB 型男人如有婚外情

除了部分对性欲有特别兴致而陷于“玩乐派”外，不少 AB 型男人的婚外情主要表现在与第三者进行趣味性的游玩上，而并不一定以肉体关系为主。即使是以性欲为主的“玩乐派”，也往往存在恐惧倾向，怕因此而使家庭崩溃。

对 AB 型男人的婚外情，针对其气质特性，尤其是 AB 型男人对离异、诉诸法律之类的行为较为厌恶，因此，女人如以此类利害加以陈述，也往往能使之悬崖勒马。

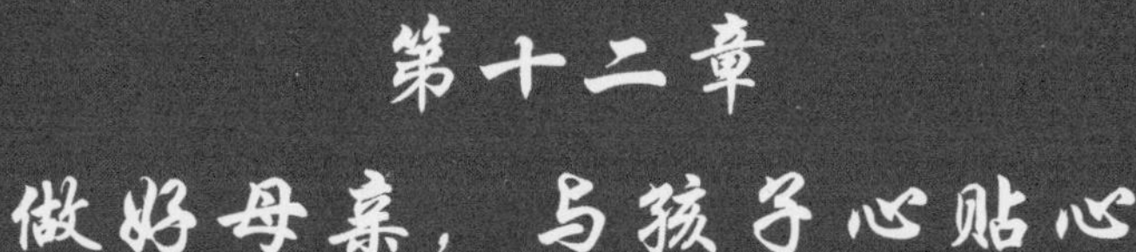

作为父母，除对孩子给予各方面的照顾和关怀外，还要注意从细小的方面观察自己的孩子，这样才能更准确地了解孩子的性格，然后采取不同的方法，指导、帮助和鼓励自己的孩子。

你是否真正了解自己的孩子

作为父母，你是否真正了解自己的孩子？你是通过什么方式了解他的呢？

有时父母并不十分了解孩子，所以在理解孩子方面也不十分准确，造成了许多不必要的矛盾。例如，孩子有可能不顾父母忙闲，不断地提各种问题进行打扰。母亲会产生错误的理解，认为孩子要她帮忙，需要她做什么，其实这时候孩子也许只是想要得到家长的注意，或者需要对他表示尊重。如果母亲平时很了解自己的孩子，这时又能准确领会孩子的意图，那么她抱一抱孩子，拍一拍，或给他一个吻，表示一下对他的爱也就足够了。孩子也会明白，母亲虽然很忙，但还是很爱他的，他就会停止对她的干扰。

又如，孩子犯了错误，用哪种方式教育更为合适也是不容易掌握的。正确地运用各种教育方法，及时纠正孩子的缺点非常重要。关键在于让孩子彻底明白他错在哪里，并使孩子对父母的处理心服口服。若不能让孩子明白自己的错误，即使他改正了错误行为，但并没有意识到他真的错了，而是认为你惩罚了他，他斗不过你，才不得不改正。在这种情况下，若父母不及时与孩子交流沟通，那么孩子就有可能产生消极情绪。

很多自以为是的家长并不真正了解自己的孩子，也不愿花时间在这方面多下些工夫。有时父母宁肯花时间向知己诉苦，诉说孩子的不听话、不遂己愿的种种言行或表现，却不愿和孩子进行一次长谈，倾听他们的看法与愿望，并进入其内心世界。真正了解了自己的孩子，就是完成了做个好父母的1/3的工作。

每个孩子的性格都不相同。有的生性腼腆、内向，有的生龙活虎很外露；还有的孩子胆子很小，有的则从小就似乎天不怕地不怕；有的孩子喜爱运动，整天不知疲倦地跳啊跳，有的则像只病猫，整天蜷在那里不爱

动。作为父母，除对孩子给予各方面的照顾和关怀外，还要注意从细小的方面观察自己的孩子，这样才能更准确地了解孩子的性格，然后采取不同的方法，指导、帮助和鼓励自己的孩子。

在不同的家庭里，孩子们受到不同的教育，虽然每位家长都力求教育自己的孩子从小懂事、聪明好学，但运用的方法却不尽相同。比如有的孩子很少被父母肯定，那么他的自信心就有被逐渐摧毁的可能；有的家长过分保护孩子，生怕碰着、生病或吃亏，结果却使孩子总是生活在大人的羽翼下，才能得不到锻炼和发挥，变得保守、懦弱，孩子的主观能动性被抑制，创造性思维被打乱。在孩子身上给予过分的帮助，实际上是多余的。永远抱着孩子走，倒不如狠下心来早些让他们跌跌撞撞地自己走。

与孩子平等交流

孩子就是孩子，无论他多么成熟，他还是不能达到成年人的境界，我们也不能完全用成年人的标准来要求孩子。与其训导孩子有一个好习惯或者是改掉某些毛病，不如与孩子一起朋友式地讨论问题。在讨论中让孩子懂得应该怎样，而不是单纯地要求他们必须怎样。

有些父母对孩子，总是像上级对下级那样，不断强调他们自己的观点与尊严，而不顾及孩子的想法，这样做，不仅得不到孩子的认同，还容易引起孩子的反感，破坏父母在他们心目中的形象。

只有尊重孩子，以平等的身份对待孩子，与孩子建立相互信任的关系，做孩子的知心朋友，才能赢得孩子的信任和尊敬。

做孩子的朋友，只要你愿意，这还是比较容易做到的。孩子是天生的模仿专家。孩子一生下来，就以父母作为模仿对象；到后来，进了幼儿园、学校，老师也会成为模仿对象。但随着孩子一天天长大，他们的自我意识开始发展，独立意识也在增强。他们逐渐学会独立思考，并有了自己的思想。这时，其模仿的倾向日益减少，对事物拥有自己看法的渴望增加，从而迫切需要有朋友来沟通、交流、分享。如果父母以朋友的身份去关心孩子，关注孩子的人格发展，对孩子来说，是非常快乐的事。

当孩子内心有矛盾时，当孩子有冲突需要人来解决时，当孩子有痛苦需要人来安慰时，当孩子有快乐需要人来分享时，父母都应做孩子的好朋友。那么，父母怎样使自己成为孩子的好朋友？怎样使孩子把父母当朋友？我们认为以下几点是达到这个目的的捷径。

1. 通过游戏做孩子的朋友

要做孩子的朋友，就要主动加入孩子的游戏中。在和孩子做游戏的过程中，一方面融洽了孩子和父母的关系，另一方面可以寓教于乐。在游戏的过程中，孩子往往把父母当成玩伴，不知不觉地便以朋友相待。

2. 通过交谈做孩子的朋友

交谈能拉近与孩子的关系，让孩子对你产生信任感。交谈有很多形式，比如，在给年幼的孩子讲故事的时候，创造交谈机会，引导孩子。如给孩子看一些图画，父母按照画面给孩子讲故事，讲到适当的时候，可以让孩子看着画面将故事接着讲下去。也可以在讲完一个故事后，和孩子交谈一下故事的内容，如“行动缓慢的乌龟为什么会比灵活的小白兔先到达呢?”等等。另外，带孩子到外面玩的时候，可以创造机会，抓住孩子感兴趣的话题和孩子交谈。

3. 与孩子一起做一些有意义的事

与孩子一起做事可以拉近与孩子之间的距离。比如说，家里种花的时候，可以有意识地让孩子参加。父母亲和孩子通过培土、栽花、浇水的协作劳动，一方面让孩子感觉到父母就像自己的朋友一样，另一方面，也培养了孩子的动手能力。

4. 适当满足孩子的一些心愿

孩子也是有需要的，你可以在条件允许又不违背原则的情况下，适当地满足孩子的心愿。比如说，孩子想到游乐园去玩，你不管多么忙，都要满足孩子的心愿。这样，可以让孩子对你产生亲近感和信任感，容易培养朋友式的关系。

5. 不要把不良情绪发泄在孩子身上

不管在外面受了什么委屈，你都不应该将不良情绪带到家里。学前儿童对事情缺乏正确的辨别力，一看到父母亲不高兴，就会以为和自己有关系，自然离父母亲远一些。如果你经常对孩子吹胡子瞪眼，孩子就会对你有一种敬畏、害怕的感觉。即使孩子犯了错，父母也应该用讲道理的方式来解决。

6. 不要刻意把自己当父母

孩子比较喜欢孩子气的父母，并与之产生依恋关系。虽说孩子的独立意识不强，但是，他也在慢慢地形成自己的看法。父母一味地命令他该干什么不该干什么，会引起孩子的不满和逆反心理。这样，就谈不上和孩子交朋友了。

说到底，做孩子的知心朋友要求你放下家长的架子，把孩子看做是一个独立的个体，尊重并关爱他，以平等的态度对待他，从而渐渐让孩子喜欢上你，打开心扉，与你以朋友相处。

例如，孩子总是忘记带上课的用具，如果父母只是简单地训斥、教导他说："你应该知道第二天上课要带学习用具，不应该忘记，为什么总是不改呢?"那么孩子很可能会说："知道，怎么老是这一套，都快烦死了。"孩子原本有的惭愧被父母的一番训斥换成了一腔怨气。如果父母不是一上来就发脾气或指责，而是询问原因，毫无成见地说："老师说你经常忘记带学习用具，今天又忘了，是这样吗?"当孩子承认后，妈妈继续问："是不是有什么困难记不住啊？还是时间太紧来不及收拾?"这样的方式就不是一味提要求、训斥的方式，而是尊重孩子，不主观臆断，给孩子解释的机会。

如果我们总是站在成人的立场，用成人的思维方式为孩子分析问题，告诉他们应该如何去做，就会使他们怯于亲身去做；如果我们坚持认为自己知识渊博，总是滔滔不绝地向孩子灌输，不厌其烦地纠正他们的错误，认为孩子这也不行那也不行，会极大地打击他们的积极性，使他们丧失自信，更限制孩子自己积累知识的机会。

相反，若我们用希望了解、希望倾听的态度与孩子讨论他们所遇到的困难，就是向孩子表示我们尊重他们的能力，尊重他们的独立性。这样，孩子的积极性得到鼓励，也会对自己更有信心。

当我们像面对知心朋友一样，向孩子请教一个问题，与孩子商量、决定一件事时，可以想象他一定非常兴奋，因为他感到自己存在的重要，他尝到了平等相处的快乐。你认为这有什么不好吗?

与孩子讨论比训话更重要

与孩子就一件事情做一番讨论，可以帮助你了解孩子对这件事情的真实感受与想法，继而提出你认为正确的建议，这可以避免孩子对你的反感。

当你发现孩子与你有不同的观点时，就应当找时间与孩子认真地谈一谈，看看他的这种新思想是否有不好的倾向。如果明知孩子有了新的想法，却不及时交流、了解，那么，假如孩子的想法一开始就有缺陷，这种缺陷在他的头脑中保留并发展下去，孩子便会在这种思想的指使下作出你意想不到的事来，而且这种思想一旦经过认知强化便很难纠正。

在与孩子讨论他的想法时，应当让他尽情表达，并给予足够的理解。你必须避免讲出任何伤害他的自尊与感情的话，否则会阻塞进一步交流的渠道，使孩子存有戒心，不再愿意向你敞开心扉。

在讨论过程中，你应当随时准备接受与你自己的观点不一致的想法，这需要你有一定的修养与鉴别能力，能够认识孩子思想中的闪光点，对不能认同的想法，你完全可以表述自己的立场，不能一棍子打死，完全否定他的思想，应当尊重他的自我反思能力，给他思考的机会。在阐明自己的看法后，你可以说："这是我的想法，但你有权利按自己的思路去想问题。不用急于做决定，再想想看，或者再征求一下别人的意见。"这类话是很开放的，却能与孩子建立良好的关系。

在相互平等的前提下，每个人都必须重新衡量自己的观点，搞清楚究竟谁的观点更符合实际，或更有道理，而不是简单的谁对谁错。做到这一点，对父母来说尤其不容易，但必须做到。要想引导孩子正确思考问题，就需要有这种耐心与风度，而不是强迫他改正。

孩子正在逐渐形成自己的一套逻辑思维系统，并以此指导自己的行为。要想完全否定他的想法，或不顾一种想法与其他思想的关联，毫不客气地加以否定，便会引发孩子的全面反抗。另外，对孩子已经认识到的错误，不应反复提出，这种重复也会引起逆反心理，使他更加顽固地维护自己的看法，不愿轻易屈服或因为父母的说教而改变初衷。

生活中的许多问题都可以通过讨论来解决，从讨论中得到的信息可帮助父母决定下一步该怎么办。假如你试图用简单的方法去纠正一个很明显的错误思想，如果不能得到任何效果，是因为你没有给孩子思考、选择的机会，只是简单地要求他接受你的意见，而孩子是不会与你开诚布公的，甚至根本不与你争论。如果同孩子的讨论走入了歧途，孩子就不愿再继续讨论下去，因为他已经意识到你对他的观点持有异议，并且正在特意做工作让他承认错误。这时，你可以先停止讨论，把问题放到一边，过一段时间再找机会谈。千万要记住，无论如何要避免做硬性规定。

合作只能赢得，不能强求。对孩子训话意味着告诉他你想怎样解决这个问题，表示你要求他绝对服从，让他像你一样思考问题。和孩子交谈，意味着大家一起寻找方法去解决问题，孩子就可以参加建设家庭的合作，从而使孩子认识到他也可以为家庭作出贡献。

学会聆听，让孩子多说话

在与孩子沟通的过程中，要学会聆听，注意孩子没有表达出来的思想感情，同时促使孩子多说话。

有时候，出于自尊心或是其他原因，孩子并不愿意或认为没有必要用语言说出自己的思想感情，但他又很想让父母明白自己的意图，这时，他就会改用另一种表达方式对父母进行暗示。

父母对孩子正处在苦恼时所表现出来的行为要敏感。很多孩子在想要父母知道他需要什么的时候，只是悄悄地说，如果父母不注意听，这种悄

悄话将会听不见。

父母应该多注意孩子细微的行为信号。比如着装、声调、面部表情、动作、姿势等。孩子讲话时，除了注意他的无言的行为之外，还要注意字里行间的意思，想一想孩子希望告诉你什么，也可以提出一些问题，识别或弄清孩子的动机或基本情绪。凭借着细致与耐心，做到这些都不是困难的。

父母还应特别注意孩子习惯行为的消失，这将是了解孩子内心情感的有价值的线索，明显的表现是孩子不吃、不睡、不玩或精神不如平时集中，发现了线索之后，就应该试着去推测、了解。

父母一定要聆听孩子说话，用自己对孩子的信任、尊重去促使孩子表达自己，从而与他们有所交流、有所沟通。在聆听和促使孩子说话的过程中，还要注意以下问题。

1. 要对孩子感兴趣

如果你对孩子以及孩子的活动表现出真实的兴趣，你和孩子之间不但打开了通路，而且会使他感到自己是重要的。父母对孩子表示关心、照顾，让他谈论有关自己的事，孩子便会感到与父母在一起很亲密。

2. 要给孩子留出接触的时间

在孩子的生活中，有时需要父母在他身边听他讲话。当孩子经历着内心的恐慌、创伤或有失望情绪时，他特别需要温情的安慰；孩子也很想知道父母在分享他的好消息时的心情。应使孩子感到你不是由于忙或急着做其他的事而无暇听他说话。

3. 听孩子讲话要专心

一个好的聆听者必须集中注意力听孩子说话。在这个时间，不要做饭、烫衣服，或做别的一些家务活，要用眼睛注视着孩子，表示是真心与他接触。每天都要为孩子提供与他单独接触的机会，哪怕只有几分钟。你可以对孩子说：“我们一起散会儿步。”或者说：“让我们去小房间单独谈谈。”

4. 耐心地鼓励孩子说话

开始和孩子交谈时，需要向他提出明确的要求。为了使孩子的谈话持续下去，要用一些鼓励的词，如“嗯”“我懂了”，也可以提一些简单的问题进一步引导孩子。在结束谈话之前，不要打断孩子的话，让孩子详述某一问题，尽量描述它的细节。

5. 注意自身的行为语言

行为语言是我们向孩子传达信息的一种方式，许多父母不知道怎样利用自己的行为向孩子表示“我在听呢”“我感兴趣”“我在注意着”。有几种主要信号可以表示对孩子的注意：正面向孩子；与孩子紧挨着坐；身体竖直或向孩子倾斜；眼睛互相对视；用慈爱的目光注视着孩子。此外，应当避免紧张，并表示兴趣，面部表情和声调都是和蔼的。

6. 表示自己有同感

一个好的聆听者，最重要的技巧是摆脱自己对问题的思想和感情，设身处地地想他人在经历着什么。掌握了这种技巧，就能敏锐地感觉到孩子情绪的波动，并将自己符合实际的看法告诉孩子。

7. 帮助孩子弄明白，并说出自己的经验

聆听，是父母帮助孩子对自己的内心活动和感受进行比较深入的了解的过程。在聆听过程中，运用你的经验对孩子的叙述加以解释和说明，可以帮助他弄清楚自己所表达的意思。在解释时，要多运用词汇，尽可能帮助孩子把自己想说的话，准确、清楚地表达出来。

8. 准确反映孩子的情感

一个极为有效的聆听技巧是使自己成为孩子感情的一面镜子，用语言帮助孩子反映他的感受，特别是幼小的孩子，不会说出他的感受，不能像成人那样表达自己的感情。当母亲认为孩子的感情是正常的、合理的时候，就应该肯定而不是否认这种感情。当消极的感情得到承认和表达后，才能帮助孩子摆脱不良情绪，确立积极的情绪和建设性的解决方法。

一分钟心理指南

手表定理

当一个人有一块手表时，他可以知道现在是几点钟，而当他同时拥有两块表时，却无法确定时间。两块表并不能告诉一个人更准确的时间，反而会让看表的人对准确时间失去信心。

因此，我们要做的就是选择其中较信赖的一块手表，尽力校准它，并以此作为标准，听从它的指引。就像尼采说的："兄弟，如果你是幸运的，你只需有一种道德而不要贪多，这样，你过桥更容易些。"

手表定理启示我们：在一个集体内，只能有一个领导，不能政出多门；在做事情时，要有一个最高的价值取向，在不同价值发生冲突时就可以作出取舍；在家庭教育中，父亲和母亲思想要统一，态度要一致，否则会影响对孩子的教育。

改变你的语调，敞开你的心扉

大多数父母都认为应当尊重孩子，但事实上，没有多少父母做得到位。比如我们经常用一种语调同孩子讲话，而绝不会用同样的语调来同朋友交谈。如果我们把对孩子讲过的话录下来，认真地听一听自己的腔调和声音，就会发现，在很大程度上我们并不尊重孩子。我们总是以教训的口气、哄人的口气、引诱的口气来获得他的合作。孩子即使和我们合作也往往不是发自内心的。如果我们以平等的、像与朋友谈话的口气来与孩子交谈，而不是对他训话，在大多数情况下，我们就能顺利地与自己的孩子交流思想了。如果你总是批评教训他、告诫他、挑他的毛病，他只会加深苦恼，认为是父母不爱他、讨厌他，无形中就和父母之间产生距离、隔阂，这样下去，交流的大门慢慢地就会关上了。

孩子有时会问："你是不是生气了？"你绷着脸说："没有。"然而你脸上的表情和语调却表示出你仍在生气、在愤怒。要知道孩子是非常敏感的，他能很快地分辨出你的话中所要传达的真正意思和态度。而我们成年人却没有意识到自己在同孩子讲话时运用了不适度的腔调，更没有考虑这种语调对孩子的心理将产生怎样的效果。

父母平素总是利用一切机会向孩子灌输逆来顺受的信条，企盼孩子事事按自己的意愿行事，只是要求“让他做什么，或是怎么做”，而并不是让他从内心明白“为什么这样做”。如果在孩子还小的时候，我们就有意识地培养与孩子的和谐交流关系，这种交流的大门是会敞开的。这种交流取决于我们是不是尊重自己的孩子，即使在我们与他的意见不统一的时候，孩子也总是在无意识地观察，并将获得的印象输入自己的思维体系中，然后按照他的结论作出相应的反应。

孩子是有自己的内心世界的，如果从小由于某些原因没有和父母一起相处，或者没有经常交流的习惯，那么今后这扇大门就有可能会永远关闭。不要以为孩子年幼无知就劝孩子抛弃自己的想法，而试图用自己的想法来改变和填充他的头脑。在孩子看来，这就是被强迫和受制于人。但这并不意味着我们不能影响和引导他，而是只意味着我们不能强迫塑造他。孩子的不听话甚至反抗，有时就来自于对这种被强迫和受制于人的对抗。

每个孩子都有自己的创造性，每个孩子都会对他所遇到的事情作出反应，每个孩子都在努力塑造、完善自己。

作为父母，我们的责任是怎样引导孩子。这就要求我们应对孩子有细致的观察，了解他的行为目的、情感愿望。如果你真的感觉到了孩子在想什么，那么你就对孩子有了更深的理解。这个并不难，因为孩子从幼儿时期就在无拘无束地表达和表现自己。

如果我们平等地接受孩子的思想，与他们一起讨论，研究可能的结果，经常问“那样的话将会有什么情况发生?”“你会有什么感觉?”孩子就会想到，在解决人生疑难问题上，他有了同伴。另外，父母常向孩子问一些相关的问题也是传播信息的好办法。许多人在他们成人之后仍然认为最好的朋友就是自己的父母，和父母的交谈使他们受益匪浅。

不向孩子透露自己的内心世界，只习惯于道貌岸然地对孩子进行训导，却要求孩子向自己暴露一切，这种不平等的态度，当然不能取得好的效果。孩子到了一定年龄便不愿向父母吐露心事，而只好去和同龄人交流想法。同龄人的经历有限，经验往往肤浅，思想也不成熟，相对来说，从中他得不到多大的帮助，而父母却因不平等的待遇失去了与孩子进行交流、引导的机会，这对孩子的心理发展是一种妨碍和伤害。

父母向孩子敞露内心，表现了对孩子的尊重与依赖，加强了与子女的情感联系，这种交流在孩子逐步成熟时尤为重要。十几岁的年龄是孩子的黄金年华，但也是多事之年，父母与子女间在感情上有密切联系的，就容易沟通，从而有效地避免孩子成长过程中容易遇到的问题。

当孩子开始询问：“爸爸，你为什么不高兴？是不是工作上有了麻烦?”家长就应该认真考虑，是否应该与孩子谈一谈，谈多少，怎么谈。如果我们轻易地对孩子说：“没有什么，很好。”或“不关你的事，快去玩你的去吧。”我们就将孩子对父母的关心推开了。孩子所得到的信息便是父母的事与我无关，只要不关我的事，都不要管。这等于公开向孩子传授并灌输了“各人自扫门前雪，不管他人瓦上霜”的那种极端自我的意识和观念。这样做的话，日后我们也就没有理由抱怨自己的孩子不关心父母了。

和孩子一起总结自己的成功与失败，表述自己的计划与展望，这本身就是对孩子最生动、最实际的人生教育，反过来也是对父母自身的反省与激励。生活中，人人有坎坷，有些人终生不得志，同孩子一起回顾、分析自己的经历，承认自己以往的失败，回顾自己的终身憾事，对父母来说不是一件容易的事。有的人可能会担心孩子看不起自己，事实上这样做有许多益处。将自己的实践积累、经验教训传授给孩子，这对孩子来说恰恰是最需要的，而且是最珍贵的礼物。

不能在孩子面前乱发脾气

尽管许多专家都曾经列举出父母发脾气的种种不良影响，但是迄今为止，从不对自己孩子发脾气的人还是不多的，所以，一概否定、排斥“发脾气”是不现实的。何况孩子每天沉浸在父母的甜言蜜语中，就会变得娇气和软弱无力，日后长大，他就经受不了批评和劝告，就好像温室里的花朵经受不了大自然的风雨一样。

可见，偶尔发脾气，用比平时更严肃的态度对待孩子是可行的，尤其是当孩子经多次劝告依然不听话的时候。

但是，无原则地随意乱发脾气就不可取了，因为这样会伤害孩子的自尊心。发脾气时，父母的语气往往很严厉，分寸不容易把握，有时过于粗暴和无理，使用的语言往往不是就事论事，而是乱加罪名，甚至进行人身攻击。还有一些父母往往因为在其他事情上不顺心，而把火气发在孩子身上，使孩子受委屈，这是十分不公平的。因此，发脾气一定要注意以下几个问题：

（1）不能伤害孩子的自尊心。要就事论事，以孩子犯了大错误为前提，绝不能因为其他事情不顺心而对孩子撒气。

（2）要指出孩子错在何处，为什么错了，而不要说一大堆粗话，比如“笨蛋”“废物”“真后悔当初生你”“你走吧，我现在不想要你了”等等，这样只能使孩子伤心不已，却仍然不知道自己究竟错在何处。

（3）发脾气的目的除了使孩子明白自己所犯的错误之外，还要让他了解到父母因为他的错误而感到伤心、不满。这样，他就会受到很大压力，知道父母对他不满，从而产生愧疚感，并努力去改正自己的错误。

据研究，过度惩罚、过分苛求、父母操纵孩子是影响孩子心理健康的重要因素。

调查表明，在有心理问题的幼儿中，家长采取以“压力为主”“歧视”“经常打骂”等不良教养态度和方式的比例分别为：14.74%、9.619%、9.61%，均明显高于正常儿童的家长所采取的教养态度和方式的比例8.26%、4.26%、4.00%。

父母脾气大，对待孩子也就没有耐心。这样的父母就应认真考虑一下，要加强自己的修养。否则，对孩子的性格有很大的影响，妨碍孩子的健康发展。

父母的话对孩子影响很大。心理学家建议，不要肆意地对孩子吼叫，发命令，提意见，横加干涉，想到什么便说什么，时常说得不准确、不清楚，也说得不对，其中有些字眼可能会伤害孩子的心灵。父母要使用一种能够传达爱心，使孩子觉得有人需要他、尊重地、欣赏他的语言。

一分钟心理指南

责备无效的人，多给他称赞

大多数人受到责备时，都会觉得不舒服，但也有一些特殊的人，把责备看成家常便饭，被责备一顿，过后立即抛之脑后，任你说破嘴皮，依然我行我素。

某公司女经理精明能干，手下一班干将做事干练、智勇双全。但不久前，她的一名助手调离到别处，接任的是一名刚刚毕业的女大学生。这位新来的女大学生做事马马虎虎，一些资料常常不加整理便递交上去，办公桌上的文件乱七八糟，女经理批评了她许多次，她仍一切如故。女经理决定改变一下策略。以后，她就细心地去发现女大学生的优点，并且发现优点后立即给予称赞。

这个办法果然奏效了，那个女孩慢慢地变得做事有条理了，也不再那么马虎，一个月之后，她的工作基本上能令经理满意了。

改变一个事物的方法有多种，角度也不同，当一个角度不能奏效时，就应考虑改变角度寻找另一种合适的方式。

怎样减少孩子的逆反心理

为人父母者要认识成长中孩子的逆反心理，并了解成长期的少年为何有逆反心理。孩子逆反心理的形成非一朝一夕，形成的原因可能包括：

- 家长的直接影响
- 孩子心里不满
- 孩子养成的习惯
- 父母的管教方法专制
- 家庭出现问题

- 孩子受朋友影响
- 成长的过渡时期

发现孩子有逆反心理时，做父母的该如何处理呢？下列方法可供参考。

1. 反思和孩子沟通的方式

很多时候，父母必须超脱自己的角色，用第三者的角度观察孩子叛逆的问题。

也许问题不一定在孩子身上。父母一般都会认为自己是对的，自己从前都听父母的，自己的孩子也应该听自己的。因此，孩子不顺从，在父母眼里就成了叛逆。所以，身为父母，有时必须放弃自己一贯的态度，从不同的角度对待孩子，做有限度的迁就。

2. 保持冷静

孩子叛逆，父母一定会不满。急躁的父母应该提醒自己保持冷静，等孩子也冷静了，再进行沟通。

孩子叛逆时，言语和行为犹如暴风雨，不懂得控制自己。但成年人应该懂得保持冷静。

3. 寻求意见，管教孩子

有时应该寻求别人的意见，或听讲座，请辅导员协助，让自己的思想更开阔。

4. 开放自我，了解孩子

家长一旦发现孩子的兴趣会影响功课，通常会即刻禁止。其实，最好能试着了解情况。例如，陪孩子去电子游戏中心，和孩子讨论他们的偶像，从旁提醒什么是应该学的，什么是不应该学的。

进入孩子的内心世界，才能相处得更融洽。和父母相处融洽，孩子当然就不需要反叛了。

5. 做个试验家

很多时候，对孩子的管教是要时常改变方式的。例如，小时候往往是父母说，孩子听；上了中学后，就应尝试双向沟通，父母也听听孩子的建议。一旦发现某一种方法行不通，就随时转变方式，不断尝试，直至发现有效的方法。

父母应如何与孩子沟通，怎样对孩子说话，孩子才不会受到刺激，出现叛逆行为呢？

1. 批评要就事论事，不借题发挥

父母不满意孩子的某种行为时，必须很具体地说出，其他批评都是多余的。

2. 不作无谓批评和推测

如：你这样没头脑，期末考试一定不及格，你的前途完蛋了。

这样的批评，不但于事无补，反而会让孩子反感，甚至让孩子失去信心，影响学习的兴趣。

3. 引导而非说教

如：如果你真的谈恋爱，你会怎么样？如果你生气了，你会怎样应对？

不是说教，而是启发孩子思考。有时，孩子会很理想化，很有志向，但做不到。不过，也不要因此低估孩子，认为他们不会思考。

4. 威严地提出要求

如：我对你的要求就是……我不允许你这样，原因是……

父母终究还是要有一些威严，执着地要求孩子做某些事情，而不能一味迁就，眼看孩子一错再错。但是，作出要求时，一定要注意语气，并说明理由。

一分钟心理指南

情绪与禁果定律

心理学研究表明，强烈的情绪反应会骤然阻断人们的正常思维，持久而炽热的情感则能激发人们无限的潜能去完成某些工作，这几乎是显而易见的。

禁果定律的效应想必人人都知道，越是禁止的东西越让人感兴趣，越想要得到；越是得不到的东西越觉得好。其实这都是人的心理作用，是“禁果”激起了人们的情绪，促使人去探索神秘的领域。

《圣经》里亚当和夏娃的故事恐怕是人人皆知。上帝不让亚当和夏娃吃伊甸园里的智慧果，可是这样做更让他们感到好奇，最后他们经不起蛇的诱惑，吃了智慧果。作为惩罚，他们被赶出了伊甸园，过上了艰难困苦的生活。

其实，这种对禁果的好奇心理在人类中是很普遍的。人总是这样，越是被禁止的东西或事情，越会引起好奇和关注，充满了窥探的欲望和尝试的冲动情结。

难道禁果就格外香格外甜吗？其实，这是由人们与生俱来的好奇心决定的。人们渴望揭示未知事物的奥秘，本来一个平常的事物，如果遮遮掩掩，就会大大吊起人们的胃口，非要弄到手、研究个明白而后快。否则，这种好奇心就会一直折磨人们的心灵。

人们常常认为，被禁止的东西是某些人专有的东西。这就使人们推测被禁的东西是好东西，所以才产生了分外向往的情绪。

比如，历代统治者经常把他们认为是“诲淫诲盗”的书列入禁书之列，如我国的《金瓶梅》和西方的萨德、王尔德、劳伦斯等人的作品。但是被禁不但没有使这些书销声匿迹，反而使它们声名大噪，使更多的人挖空心思要读到它们，在无形中扩大了它们的影响力。

还比如，有些家长总是喜欢禁止孩子做这做那，如果只是一味地严厉禁止，却不讲明利害，就容易产生“禁果”效应，增加孩子的好奇心理。

花费心思和力气弄到的东西，使人们有一种成就感，也使人们更加珍惜。在生活中，这种心理是很常见的。

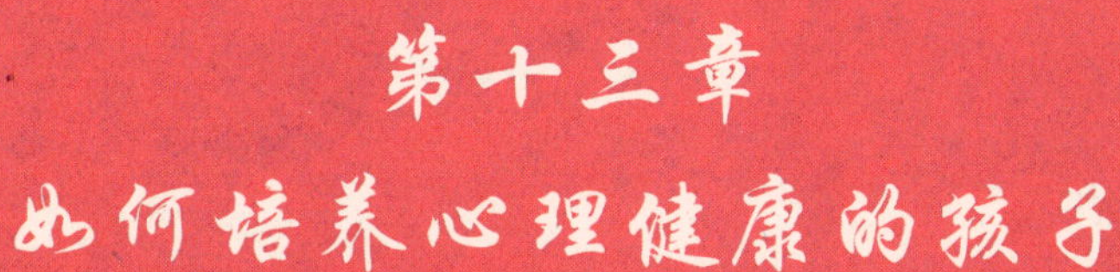

当一个成人发脾气的时候，旁观者会以好言相劝。然而，当一个孩子发脾气的时候，他受到的可能是申斥，甚至会挨打。这实际上是不公平的。

帮孩子走出自我挫败的阴影

孩子经历了挫折，可能会产生消极意识，而且惧怕挫折。当他再次面对挫折时，就会产生心理上的“自我挫败”。自我挫败是指一些孩子在做某件事情之前，自我设想许多可能遇到的困难和障碍，并被其所吓倒，从而产生忧虑和恐惧，似乎必然失败，于是总想回避。家长一定要帮助孩子走出这个误区。

记得某杂志曾经提到过这样一则故事，说有一青年去医院看病，医生错误诊断他患有癌症。于是他就坚信自己患了癌症，整天惶惶不安，夜不能寐。一年后，他再去医院复查，发现真的患了癌症。

这个例子说明了心理的作用——意识可以左右事物的发展。

比如，一个孩子要参加高考并做好了充分的准备，但一听说这次考试相当难，录取率很低，便开始怀疑自己是否能行，甚至考前便承认失败，失去了尝试的信心；或者有的孩子自己感觉长相不好、口才差、能力差等，因而产生自卑、放弃、回避等心理和行为，这都是自我挫败的表现。

孩子自我挫败心理常见的表现为：

（1）过多地注意别人的评价，关心自我在别人心目中的形象。他们希望得到别人的赞扬，但同时又担心和怀疑自己能否得到别人的赞扬。

（2）对自己持一定程度的否定态度。在做某件事情之前，往往会设想出许多可能遇到的困难和障碍，并被困难和障碍所吓倒，似乎失败就在等着自己，从而认为自己没有能力做这件事。

（3）自我意识强烈，经常认为别人都在注视自己、议论自己，越是人多和陌生的地方，就越觉得不自在，一举手、一投足，都顾虑重重。他们的荣誉感、自尊心以及虚荣心比别人强，因而当一切无法如愿以偿时，就会烦闷苦恼。

（4）具有内向的性格，习惯于进行内心活动，而不擅长表露自己，尤其不愿在大庭广众中出头露面，平时缺少社交活动，常常表现出缺乏自信。

家长可以从以下几点着手，帮孩子走出自我挫败的阴影。

1. 教孩子对自己的要求要适当

古人云：人贵有自知之明。父母应当教孩子对自己有一个正确、全面的认识和分析，对自己有哪些才能、特长、优点和哪些缺点、短处、不足心中有数。无论做什么事情，都不要操之过急，一下子要求过高，“一口是吃不成一个胖子的”。失败感和期望程度是相关的，事先的期望值越高，事后因结果不理想而产生的失败感相应也就越高。所以，告诉孩子做任何事情都应给自己定一个恰当的标准，这样，即使失败了，也不会过分地失望。

2. 教孩子不要害怕受挫

自我挫败者往往在行动之前就害怕失败，并把失败结果想象得太严重、太难堪。这样，注意力越集中于自我，就越阻碍自我潜能的发挥。比如考试时，越是怕考不好就越紧张，越紧张就越不能很好地发挥。成功是我们最大的愿望，但对失败也要做最坏的打算，从最好处着眼，从最坏处准备，才能立于不败之地。即使失败了，也可以让孩子自豪地说：我拥有了几次失败的教训，我虽不充实，但没有白过，因为失败意味着我与成功之间的距离缩短了，失败已把成功的希望带给了我。

3. 让孩子正确地接受自我

许多不能接受自我的孩子常常由于对自身的某个方面不满意而拒绝承认自己的本来面目，因为怕“丑”而竭力装扮或伪装自己。虽然这并非有意，但却会给孩子带来沉重的心理负担。因此，父母应该告诉孩子，要接受和承认自己的缺点和不足，不要使虚荣心成为沉重的心理负担，要以积极的态度对待生活，广泛地与社会和他人进行交往，培养自信心和实际行动能力，以适应现实生活。

4. 教孩子学会自我鼓励

如果孩子感到将要产生或已经产生自我挫败的心理，父母应该教他运用自我鼓励的方法来矫正，可以教他用生活中的哲理或某些明智的思想来安慰自己，鼓励自己同忧虑和痛苦作斗争。比如，在担心失败时激励自己："吃一堑，长一智，挫折和失败能使人成熟。""不入虎穴，焉得虎子。"也可以教他运用自己喜欢的伟人的思想来激励自己，同时，名人格言、座右铭等都可以促进意识调节，摆脱自我挫败的不良情绪。

5. 父母也可以教孩子想象自己是一位胜利者

伟大的哲学家高斯克莱曾经在一段颇为漫长的日子里不停地对自己说，我是最伟大的人物，每次都"使自己确实感觉到如此为止"；同时，别人也不得不确信"他正是唯一的伟大人物"。这是因为，当一个人以实际成就使自己确信如此时，其他的人也会因此自动地确信他真是很了不起的伟大人物了。

一分钟心理指南

5 岁女儿播下积极的种子

心理学家赛利格曼在担任美国心理学会主席数月后的一天，与5岁的女儿在园子里播种。他的女儿叫尼奇。赛利格曼虽然写了大量有关儿童的著作，但在实际生活中，他和孩子并不算太亲密。他平时很忙，有许多任务要完成，这次播种他也只想快一点结束。尼奇却手舞足蹈，将种子抛向天空。

赛利格曼叫她不要乱来。女儿却跑过来对他说："爸爸，我能与你谈谈吗?""当然。"他回答说。"爸爸，你还记得我5岁生日吗? 我从3岁到5岁一直都在抱怨，每天都在说这个不好那个不好，当我长到5岁时，我决定不再抱怨了，这是我从来没做过的最困难的决定。如果我不抱怨了，你可以不再那样经常郁闷吗?"

赛利格曼产生了一种闪电般的震动，仿佛出现了神灵的启示。他认识到，是尼奇自己矫正了自己的抱怨。

这一天改变了赛利格曼的生活。他过去的五十年都在阴暗的气氛中生活，心灵中有许多不满的情绪，而从那天开始，他决定让心灵充满阳光，让积极的情绪占据心灵的主导。

继而，赛利格曼将这种关心人的优秀品质和美好心灵的心理学定义为积极心理学。

帮助孩子克服自卑

心理学家告诉我们，自卑是一种性格缺陷，而一个人的自卑性格的形成往往源于儿童时代。

美国儿童心理治疗专家霍夫曼指出：父母必须关注自己的孩子有没有自卑心理，一旦发现，应尽早帮助克服和纠正，以免随年龄的增长最终形成自卑性格。

自卑儿童往往会表现出如下早期征兆。

1. 情绪低落

如果孩子常常无缘无故地郁郁寡欢，那很可能就是自卑心理使然。儿童，特别是女童略有怕羞纯属正常，如果过度怕羞（包括从来不敢面对小朋友唱歌，从来不愿抛头露面，从来不敢接触生人，等等），则可能内心深处隐含有强烈的自卑情绪。他们还会因自卑而拒绝交朋友。

一般来说，正常儿童都喜欢与同龄人交往，并十分看重友谊，但有自卑心理的孩子绝大多数对交朋友兴趣索然，甚至视为“洪水猛兽”。

2. 疑神疑鬼

自卑感强的儿童在学习或做游戏时往往难以集中注意力，或只能短时间地集中注意力，这是因为“挥之不去”的自卑心理在作怪。自卑儿童对父母、教师、小伙伴给予自己的评论往往十分敏感，特别是对别人给予自己的批评，更是感到难以接受，甚至耿耿于怀。长此下去，他们还可能发展到“疑神疑鬼”的地步，总是无中生有地怀疑他人不喜欢或者责怪自己。

3. 贬低他人

自卑儿童的另一变态反应是：常常贬低、嫉妒他人，比如为邻桌受到老师表扬而咬牙切齿甚至夜不能寐。他们还有一种表现：过分追求表扬。自卑儿童尽管自感“低人一等”，但往往又会反常地比正常孩子更追求父母和教师的表扬，而且可能采用不诚实、不适当的方式，如弄虚作假、考试作弊等。

4. **自暴自弃**

占较大比例的自卑儿童往往会表现为自暴自弃、不求上进，他们认为自己反正不行，努力也是白搭。更有甚者，还可能表现出自虐行为，如故意在大街上乱窜，深夜独自外出，生病拒绝求医服药等，似乎刻意让自己处在险境或困境之中。如果遭到父母指责，便以“反正我低人一等”作辩解。

5. **回避竞争**

虽然有的自卑儿童十分渴望在诸如考试、体育比赛或文娱竞赛中出人头地，但又无一例外地对自己的能力缺乏必要的自信心，因而断定自己绝不可能获胜。由此，绝大多数自卑儿童都是尽量回避参与任何竞赛，有的虽然在他人的鼓励下勉强报名参赛，但往往在正式参加比赛的时候临阵逃脱，甘当“逃兵”。自卑儿童大多不能像正常儿童那样承受挫折、疾病等消极因素带来的压力，每每遇到小小的失败便“痛不欲生”。

6. **语言表达能力较差**

据专家统计，高达八成以上的自卑儿童的语言表达能力较差。他们或表现为口吃，或表述不连贯，或表达时缺乏情感，或词汇贫乏等等。专家们认为，这是因为强烈的自卑感极有可能阻碍了大脑中负责语言学习的系统的正常工作。

孩子为什么缺少自信呢?

造成孩子缺少自信的原因主要有三个方面：

首先，父母包办代替过多，不让他们自己动手做些力所能及的事情，使他们缺少对自身能力的认识。

其次，父母经常用各种危险恐吓孩子：“别爬高，会摔断你的腿!”“别去学游泳，淹死怎么办?”这种教育方式使孩子的能力萎缩，不敢大胆尝试做任何事情。父母切不可用“你太笨！没用!”这样的话来指责孩子。

再次，父母望子成龙心切，期望值过高，使孩子尝不到成功的喜悦，反而得到许多因失败而导致的斥责，孩子心理负担太重，害怕失误，于是羞于表现自己。

父母不正确的态度是孩子自卑的重要原因，因为自卑的孩子往往根据父母对他们的评价来进行自我评价。解铃还要系铃人。因此，孩子自信的获得大都要靠父母。

父母的信任、积极的评价能使他们对自己产生积极的认识。父母要根据孩子的能力制定适当的努力目标，目标太容易实现，产生不了激励作用，目标太难实现，则容易被孩子放弃。难以实现的目标还容易给孩子造成挫折感而丧失信心。所以，应该让他们多体验成功的喜悦，增强他们的自信。

引导孩子笑对人生

笑是一种性格，更是一种胸怀；笑是一种态度，更是一种心情。笑能使人心情轻松，思维敏捷；笑能增进团结，促进人际关系；笑更能让人积极面对挫折，不被困难吓倒。引导孩子笑对人生能让孩子以一种积极的心态面对挫折，发现生活中的无限乐趣。

怎样让孩子笑对人生呢?

（1）让孩子多做实事。忧虑来源于无事可做，如果一个人经常无事可做，他忧虑的时间就明显增多。这时，你可以引导孩子做简单的事，如背一个单词、背一首短诗等。人在做一件又一件实事的过程中，心里会产生自豪感、快乐感，就没有时间烦恼、忧虑了，也才能真正笑得起来。

（2）让孩子与人为善。与人为善可以让孩子拥有许多朋友，朋友之间的相互倾诉可以消除悲观的情绪。朋友多了，孩子也就不会产生孤独感。

（3）让孩子多想自己的优点。每个人都有优点和缺点，如果一个人时常惦记着自己的缺点，他就永远笑不出来。因此，要引导孩子发现自己的优点，扬长避短，这样就有可能化悲观为乐观，进而产生开拓进取的激情。

（4）让孩子看到自己的渺小。宇宙有一千亿个星河系，银河系只是其中一个，更何况生存在地球上的人了。人是历史长河中的一粒尘埃，人生是短暂的，故而引导孩子看到自身的渺小，从而善待自己、善待别人，淡化功利主义，踏踏实实做人。

（5）让孩子学会精神胜利法。精神胜利法的实质是用自我安慰来为自己的软弱与无能辩解。为了使孩子坚强起来，乐观起来，对眼前的不幸采取幽默的、无所谓的态度有什么不好呢？塞翁失马，焉知非福；亡羊补牢，可增长人生经验。

（6）让孩子做感兴趣的事。当孩子出现情绪低落时，有效的办法是让他做自己感兴趣的事，这样，一旦大脑对某件事感兴趣了，它就失去了烦恼的机会，快乐的心境不知不觉又出现了，脸上也重新出现了笑容。

（7）倾听音乐。音乐可以陶冶人的情操，缓和人的情绪。当孩子烦恼时，你可以先让他听抒发愁闷情绪的歌，然后再听欢快的歌曲，这样，在不知不觉中，孩子被音乐的旋律打动，又重新快乐起来。

（8）延缓不良情绪。延缓不良情绪往往可以让孩子的不良情绪在不知不觉中消失。当孩子生气的时候，你不妨这样告诉他："这些闲气一小时以后再生吧！"烦闷向孩子袭来时，你这样引导他："上午先做几件事，等下午再抽时间烦闷吧！"拖到下午，能拖则再往后拖。当你看到孩子脸色不对，气满胸膛发脾气时，你可以用双手向他做一个暂停的手势，然后提一条建议："数 15 个数再发火好吗？15 个数数完了，若还不能抑制住，则 5 分钟、半小时以后再发火。"这样，孩子往往能学会一些克服不良情绪的办法，重新笑对人生。

（9）进行冥想。当孩子忧虑的时候，你也可以引导他进行冥想：微闭双目，内视鼻尖，以鼻对口，以口问心，气沉丹田，浑身放松，大脑入静，能静则万念俱空；不能空则开始冥想，以一念压万念。可以让他回想以前去过的印象最深的或曾经流连忘返的风景区。这往往容易使孩子心平气和，将烦恼愁闷一扫而光。但这个方法并不是对每个孩子都百分之百地灵验。第一次可能只管用一两分钟，练的次数多了，就会随时做随时灵验了。

总之，只要孩子能笑对人生，他就不会将挫折和困难视为阻力，而是把它看做人生前进的动力，他所体验到的将会是快乐的人生。

一分钟心理指南

依赖心理成因

依赖是日常生活中较为常见的人格障碍。依赖型的人缺乏独立性，经常感到自己无助、无能和缺乏精力，害怕被人遗弃；将自己的需求依附于他人，过分顺从他人的意志；要求和容忍他人安排自己的生活；当与他人的亲密关系终结时有被毁灭的体验；有一种将责任推给他人来对付逆境的倾向。

具有依赖型人格的人对亲近与归属有过分的渴求。这种渴求是强迫的、盲目的、非理性的，与真实的情感无关。他宁愿放弃自己的个人兴趣、人生观，只要他能找到一座靠山，时刻得到别人对他的温情就心满意足了。

这种处世方式使得他越来越懒惰、脆弱，缺乏自主性和创造性。由于处处委曲求全，依赖型人格障碍患者会产生越来越多的压抑感，这种压抑感会使他渐渐放弃自己的追求和爱好。

依赖型人格源于个人发展的早期。幼年时期儿童离开父母就不能生存，在儿童的印象中，保护他、养育他、满足他一切需要的父母是万能的。他必须依赖他们，总怕失去了这个保护神。这时如果父母过分溺爱，鼓励孩子依赖父母，不让孩子有长大和自立的机会，久而久之，在孩子的心目中就会逐渐产生对父母或权威的依赖心理，成年以后依然不能自主。

如果一个人缺乏自信心，总是依靠他人来做决定，终身不能负起承担各项任务或工作的责任，就形成依赖型人格。

认识孩子的消极情绪

成人世界将“喜怒不形于色”当成修养到家的表现，孩子则是十足的“喜怒形于色”了。也就是说，孩子是天真无邪的，他们的喜怒哀乐通常也都很真实、很强烈，往往直接地支配着他们的行为。有些事情在成人看来不过是芝麻绿豆大小的事，可在孩子的心目中，常常激起十分强烈的情绪波动，甚至引起情绪的“暴风骤雨”，而且伴随着表情、声调、手势和姿态的丰富多彩的变化。

与成人相同，孩子的情绪也有消极情绪和积极情绪之分。

大约在1岁左右，孩子的情绪开始发生改变，2岁时就出现各种基本情绪，如愤怒、惧怕、焦虑、悲伤等消极情绪和愉快、喜悦、欢乐等积极情绪。积极的情绪对孩子的身心发展能起促进作用，有助于孩子潜在能力的发挥；消极的情绪也会影响孩子的人格建构。

一个人情绪反应的强度和持久程度，在一定程度上取决于他对触发情绪反应的情境的理解、认识和评价。

年龄越小的孩子，对情境的理解、认识和评价会越多地取决于其基本需要是否得到满足。一个2岁多的孩子，可以因为妈妈不给他一颗糖果而嚎啕大哭，也可以因为后来得到糖果而破涕为笑。

对孩子来说，产生情绪是再平常不过的事了。当一个成人发脾气的时候，旁观者会以好言相劝。然而，当一个孩子发脾气的时候，他受到的可能是申斥，甚至会挨打。这实际上是不公平的。

孩子在生活中产生的消极情绪，父母应以适当的方式给以消解。情绪一旦产生，宜疏导而不宜堵截。精神分析学派的奠基人弗洛伊德充分肯定了情绪消解对维护心态平衡的作用，他认为，讲出一切来，能减轻精神上的症状。当孩子遇到挫折或者感受到不愉快时，让他能够不受压抑地通过语言或非语言的方式表达自己的情绪，可以减轻他心理上的压力。例如，哭泣可以作为情绪消解的一个重要渠道。

几乎所有的孩子都通过哭的方式消解自己的情绪，因为哭这种活动使孩子在紧张状态中变得轻松了。

所以有人说，最残忍的事莫过于不让孩子眼眶里的泪水往下淌。

这句话并非哗众取宠，因为在这种情况下，孩子只能强行压抑自己，其内心不良的情绪体验会变得更加强烈，积压的能量必然伤害其自身。

哭是孩子进行情绪消解的一个重要渠道，是孩子情绪的自然流露，但绝不是唯一的渠道，而且也不是最好的渠道。因为用这种方式消解情绪往往不能引起周围人的同情和理解，相反，常使成人感到烦躁不安，这样成人就会运用压抑的方式加以堵截。让孩子学习和掌握其他的合理消解自己消极情绪的方法和技能是很重要的。合理消解情绪的方法和技能应该是既不影响孩子的身心健康，又不至于引起成人的不愉快的反应。

最值得鼓励的办法就是倾诉，倾诉是合理消解情绪的一种良好途径。

要鼓励孩子将心中的感受告诉父母，以便寻得同情、理解、安慰和支持。因为孩子对父母有很大的依赖性，父母对孩子表现出的同情和宽慰能缓解甚至消除孩子的心理紧张和情绪不安。即使孩子的倾诉并不合乎情理，父母也要耐心地听下去，至少保持沉默，等待情绪的“风雨”过后，再与孩子细作理论。

还有一种办法就是鼓励孩子转移自己的注意力。

也就是说，父母要教孩子不要将注意力集中在引起冲突或挫折的情境之中，而应该尽快地摆脱这种情景，投入自己感兴趣的活动中。例如，孩子为了玩具而与其他孩子发生了争执，此时，你可让他到室外去踢一会儿球，在剧烈的运动中将积累的情绪能量发散到其他地方。

总之，宜疏不宜堵，宜夸奖不宜压制，这是让孩子走出消极情绪的妙方。

不要对孩子进行“心理虐待”

所谓“心理虐待”，又称“心灵施暴”或“情感虐待”，是指在幼儿的教育过程中有意无意地、经常性或习惯性地发生的任何伤害孩子的言行。心理虐待对儿童造成的伤害不像体罚那样显现在外表，在短期内难以看到其负面影响，因此不易引起人们的注意，更难以对其进行量的统计。

然而心理虐待给儿童造成的伤害与体罚一样严重，甚至还大于体罚所造成的伤害。专家们认为，与那些遭到老师体罚的幼儿相比，缺乏老师关怀、爱抚和鼓励的幼儿，其心灵所受到的创伤更深，智力和心理发展所受的损失更大。许多研究还表明，受心理虐待的儿童更容易误入歧途，走向犯罪，诱发严重的社会问题。

目前最令人悲哀的是这样一种现象：父母往往在物质上对孩子无微不至，而在心理上对孩子却很吝惜，甚至刻薄。

例如，以下的做法对孩子的精神发展非常不利。

1. 对孩子冷漠

爱的剥夺对孩子的心灵伤害至深。有的父母对孩子不管不问，不拥抱孩子，不和孩子一起玩，视孩子为负担，把孩子扔给保姆或者爷爷奶奶。在这样的条件下长大的孩子往往感到生活根本就没有意义，对人缺乏信任、冷漠，破坏欲强。这种孩子容易和其他遭遇相似的孩子凑在一起，形成犯罪小团伙，也容易被其他的成年犯罪分子拉下水。一个缺衣少食、干重活的孩子，如果有温暖的家庭，不会造成心理上的不健康，而如果情况相反，孩子的人格发展就极有可能出现问题。对孩子幼小的心灵来说，“有奶未必就是娘”。

2. 隔离孩子

美国曾经有一个极端的案例，一个出生后一年多就被关在小厕所间的女孩，在10多岁被发现时，身体发育、智力发育只相当于几岁的孩子，连话都不会说。现在有些父母担心孩子外出不安全，把孩子关在家里，孩子孤单得不得了。在幼儿园、小学阶段，孩子们就可能受到人际关系问题的困扰。

3. 剥夺孩子玩游戏的权利

孩子的天性就是爱玩游戏，在游戏中，孩子得到快乐。现在的父母往往对子女期望很高，孩子每天不是做作业，就是参加各种各样的辅导班，忙得喘不过气来，结果导致孩子厌倦学习。父母剥夺了孩子游戏的快乐，也使得在学习中发现新知识的快乐变成了负担。

4. 忽略孩子的进步

在孩子看来，每当他取得一点进步，就值得好好高兴一番。有的父母不懂从孩子的角度来看问题，或者担心孩子听到表扬之后骄傲自满，就总是批评孩子，不把孩子的进步当回事儿，久而久之，孩子也会认为自己没有用处，丧失进步的动力。

5. 损伤孩子的自尊

有些父母在孩子的同伴面前毫不留情地数落孩子，揭孩子的短，让孩子感到无地自容，也容易让自己的孩子成为小伙伴们嘲笑的对象。社会心理学有个术语叫做“标签效应”，意思是说，对人的看法就像给人贴了一个标签一样，使得此人以后作出与标签相符合的行为。父母当众说孩子调皮不听话，就是给孩子贴一个标签，以后即使孩子有了改变，别人对孩子的看法也还是很难改变。

6. 迁怒于孩子

有的夫妻离婚后不许孩子和另一方接触，在孩子面前辱骂另一方。孩子看到自己最亲爱的两个人如此相待，哪里还会相信有真正的关爱？还有的夫妻每当看到孩子，就想起对方，不由得怒从心中来，责骂孩子。孩子会觉得自己是多余的。这样的孩子缺乏安全感，容易出现行为问题，将来到了谈婚论嫁的年龄，虽然心中渴望爱情，但是又心怀恐惧，在感情问题上非常敏感，也容易出现问题。

7. 破坏孩子心爱的东西

小孩子往往有个百宝箱，里面装满了他心爱的东西。但在父母看来，这些东西简直就是一堆破烂。

有的父母不仅自己动手，有时还逼着孩子亲自扔掉、毁掉这些东西。现在的孩子多有玩具、宠物，有时候它们扮演了孩子的朋友的角色，孩子无微不至地照顾宠物，对玩具娃娃小心呵护，实际上是在学习关爱。

很多父母都抱怨，孩子长大后不知道如何爱别人，不懂得体贴别人，但他们没有想一想，在孩子小的时候，父母是否有意识地引导他如何关爱他人？

一分钟心理指南

超限效应

在心理学上，当人的机体接受某种刺激过多的时候，就会出现自然的逃避反应，这是人类出于自然本能的一种自我保护性的心理反应。基于这种心理，刺激过多、过强或作用时间过久，会引起心理极不耐烦或逆反的心理现象，叫做“超限效应”。

也就是说，人的心理对任何情绪都有一个承受的极限。

超限效应在家庭教育中也时常发生。例如：当孩子不用心而没考好时，父母会反复批评，使孩子从内疚不安变成不耐烦，最后产生反感，被“逼急”了，就会出现“我偏要这样”的反抗心理和行为。

可见，家长对孩子的批评不能超过限度，应对孩子“犯一次错，只批评一次”。如果非要再次批评，那也不应简单地重复，要换个角度，换种说法。

倾听是非常好的教育方式

无论是多么聪明的孩子，如果不懂得与人交往，就只能是一个“孤家寡人”式的神童，这种孩子在将来不可能有所作为，因为一个人若不懂得与他人相处，他的潜能就很难施展出来。即便他才高八斗，学富五车，也只是个闭门造车的书呆子。

父母应该注意培养孩子与人和睦相处的能力，让他学会结交有益的朋友。培养孩子与人相处时应做到：友爱、协作、大方、开朗、公道、礼貌、自尊、有责任心等等，让他以此作为与他人相处的准则。

善于与人交往就会觉得一切都很顺利，反之就会处处碰壁，以至于一事无成。此外，能与别人沟通的人永远是快乐的人，不能与人相处的人是孤独和不幸的人。

“倾听”是一种非常好的教育方式，因为倾听对孩子来说表示尊重，表达关心，这也促使他去认识自己和自己的能力。如果孩子意识到他能自由地对任何事物提出自己的意见，而他的认识又没有受到轻视和奚落，就能促使他毫不迟疑、无所顾忌地发表自己的意见。孩子先是在家里，然后在学校，将来就可以在工作上、社会中自信、勇敢地正视和处理各种事情。

倾听是一门艺术，有时候孩子希望在心理和情感上保留一些自己的空间，不愿意把事情说出来，他非常需要安慰，而不是父母的提问，这时，父母应该给孩子以拥抱、抚摸，把温暖的信号传达给他。有时候，对于某些不便用口头表露的情感，孩子可以以书面的形式把表达的意思写在纸上，这也会显得更郑重一些，并更能引起父母的重视。